ちくま文庫

新版 知的創造のヒント

外山滋比古

筑摩書房

目次

◉カバーデザイン・本文レイアウト
坂野公一＋吉田友美（welle design）
◉カバー装画
カワイハルナ

新版

外山滋比古

Toyama Shigehiko

知的創造のヒント

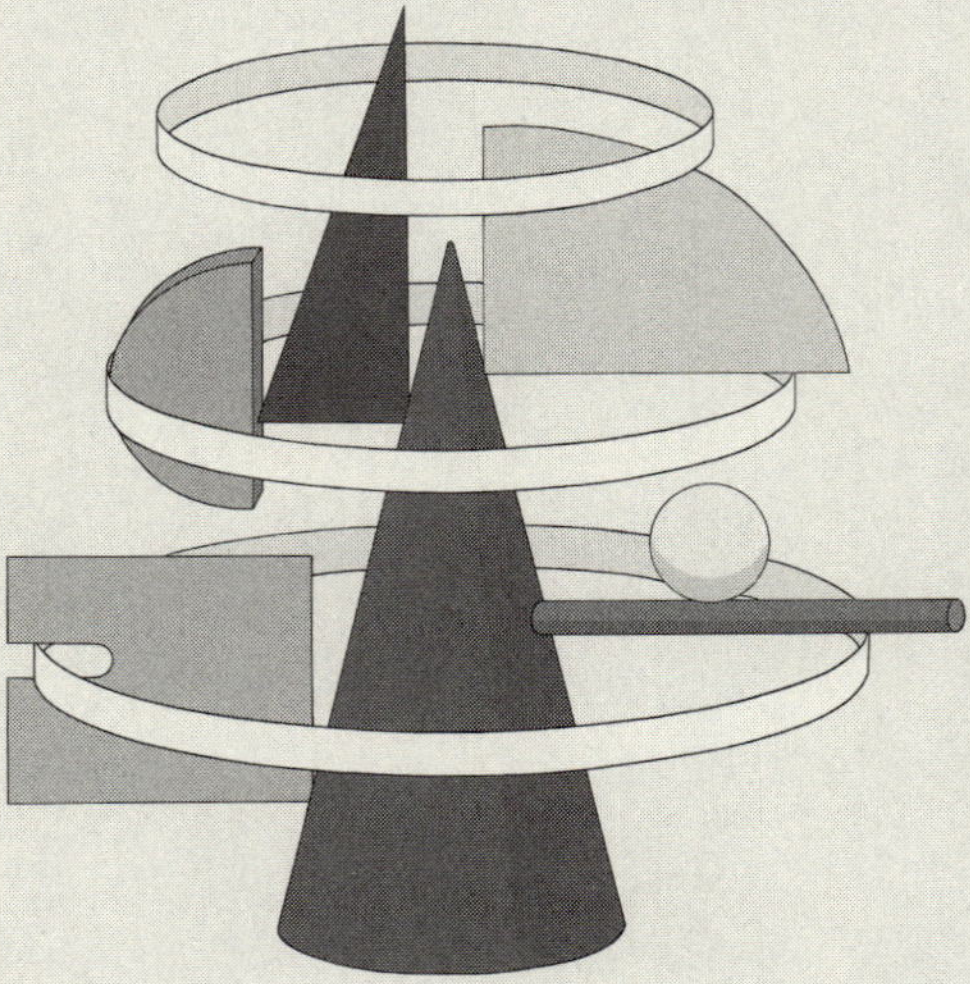

序　啐《そつ》啄《たく》の機

啐啄《そったく》の機ということばがある。

得がたい好機の意味で使われる。比喩であって、もとは、親鶏が孵化しようとしている卵を外からつついてやる（啄）、それと卵の中から殻を破ろうとする（啐）のとが、ぴったり呼吸の合うことをいったもののようである。

もし、卵が孵化しようとしているのに親鶏のつつきが遅れれば、中で雛は窒息してしまう。逆に、つつくのが早すぎれば、まだ雛になる準備のできていないのが生まれてくるわけで、これまた死んでしまうほかはない。

早すぎず遅すぎず。まさにこのとき、というタイミングが啐啄の機である。自然の摂理はおどろくべきほど精巧らしいから、ほかにもいろいろな形で啐啄の機に相当するものがあるに違いないが、孵る卵はもっとも劇的なものといってよかろう。

われわれの頭に浮ぶ考えも、その初めはいわば卵のようなものである。そのままでは雛にもならないし、飛ぶこともできない。温めて孵るのを待つ。

時間をかけて温める必要がある。だからといって、いつまでも温めていればよいというわけでもない。あまり長く放っておけばせっかくの卵も腐ってしまう。

また反対に、孵化を急ぐようなことがあれば、未熟卵として生まれ、たちまち生命を失ってしまう。

ちょうどよい時に、卵を外からつついてやると、雛になる。たんなる思いつきも、まとまった思考の雛として生まれかわる。

われわれはほとんど毎日のように、何かしら新しい考えの卵を頭の中で生み落している。ただそれを自覚しないだけである。これがりっぱな思考に育つのは、実際にごくまれな偶然のように考えられる。

卵はおびただしく生まれているのに、適時に殻を破ってくれるきっかけに恵まれないために、孵化することなく、闇から闇へ葬り去られているのであろう。

逆に、外から適当な刺戟が訪れて、破るべき卵の殻がありさえすれば、孵化が起こるのに、と思われることもすくなくない。ところが、そういう時に限って、皮肉にも頭の中にちょうどその段階に達している卵がない、ということが多い。せっかく、ついばむ力が外から加わっているのに、空しく機会を逸してしまうことになる。

頭の中に卵が温められていて、まさに孵化しようとしているときなら、ほんのちょっとしたきっかけがあれば、雛がかえる。この千に一番のかね合いが難しい。それで啐啄の機が偶然の符合のように思われるのである。古来、天来の妙想、インスピレーション、霊感などといわれてきたのも、それがいかに稀有のことであるかを物語っている。

たとえ稀有だとしても、起ることは起っているのである。人間ならだれしも霊感のきっかけの訪れは受けるはずで、それをインスピレーションにするか、流れ星のようなものにしてしまうかの違いにすぎない。これには運ということもある。いくら努力してみても、運命の女神がほほえみかけてくれなければ、着想という雛は孵らないであろうと思われる。

もっとも、どんなに運命が味方してくれても、もとの卵がないのでは話にならない。人事をつくして天命をまつ。偶然の奇蹟の起こるのを祈る。

すこし話が神秘的になってきた。もっと日常的な次元で考えてみる。

何でもない人間と人間とが、たまたま知り合いになる。互いに不思議な感銘を与え合って、それがきっかけになって、めいめいの人生がそれまでとは違ったものになるということがある。出会いである。一期一会だという。

ほかの人たちとどれほど親しく交わっていても得られなかったものが、何気ない出会いで与えられる。ここにも啐啄の機が認められる。われわれはそれと気付かずに、そういう偶然を一生さがし求めつづけているのかもしれない。それにめぐり会えたとき、奇蹟が起こるというわけだ。

難解な本は一度ではよくわからない。それに絶望しないで、くりかえし読んでいると、そのうちに理解できるようになる。読書百遍意おのずから通ず。古人はそう教えた。思考も同じことで、初めから全体がはっきりすることはすくない。何度も何度も考えているうちに、自然に形があらわれてくる。

人間にとって価値のあることは、大体において、時間がかかる。即興に生まれてすばらしいものもときにないではないが、まず、普通は、じっくり時間をかけたものでないと、長い生命をもちにくい。寝させておく。温めておく。そして、決定的瞬間の訪れるのを待つ。そこでことはすべて一挙に解明される。

『論語』の冒頭にある一句「学ビテ時ニ之《コレ》ヲ習フ、亦《マタ》説《ヨロコ》バシカラズヤ」も読書百遍と同じように考えることができる。勉強したことを機会あるごとに復習していると、知識がおのずからほんものになって身につく。それが愉快だというのである。学んで時にこれを習う、は啐啄の機はいつやってくるかしれない、折にふれて立ち返ってみる必要がある、と教えているのであろうか。

ここで自分の経験を引き合いに出すのは、いかにも面はゆく、ためらわれるが、ものを考えるよろこびを知るきっかけになったのは、何だろうか、とふりかえってみて、思い当ることを書いてみる。

昔の中学校で三年の国語の教科書に、寺田寅彦の文章「科学者とあたま」が載っていた。教科書で読むとどんな名作も台なしになる。いかほどおもしろいものでも、好きになりにくいものだ。よくそういう話を聞く。多くの場合、その通りであろう。ただ、ときには例外がある。その例外がこの寅彦の文章であった。「科学者とあたま」を読んで、急に頭がすっきりしてきたように感じた。どういう変化が頭の中で起こったのか知るよしもない。とくにものを考えようという気持になったわけではないが、何でもないと思っていた常識をひと皮めくると、その下に、たいへんおもしろい世界が眠っているらしい、ということに気付いたのはひとつの発見であった。ことばというものは案外やっかいなもので、あまり信用しすぎてはいけないようだ。そんなことをごくぼんやり感じるようになった。

まだ、逆説ということばを知らなかったから、そういう概括で読後感を片付けてしまわなかったのも幸運であった。

「科学者とあたま」に出会う一年ほど前から、よくはわからぬままに漱石の作品をあれこれ読んだ。何か心ひかれたからこそ、わからぬものをいくつも読んだのであろう。やがて本当にわからなくなって投げ出してしまった。

そのあと寅彦にめぐり合ったのである。漱石と寅彦は師弟の間柄にある。当時はそういうことすら知らなかったが、いまにして思うと、漱石によって生まれた卵が頭の中で温められていて、それが寅彦の文章によって殻を破られ、ひ弱いながらも雛になったのであろう。啐啄の機という禅語をあえてもち出したのも、こういう因縁話めいたものがあるからにほかならない。

近年、われわれのまわりに知識や情報があふれんばかりに多くなっている。手におえない知識を処理するために、知識についての知識ともいうべき方法への関心もとみに高まってきた。いわゆる〝ハウツウ〟である。

一次的知識だけではなくて、知識の知識である二次的知識に注意する余裕が生まれたのはたしかに進歩である。〝ハウツウ〟を軽んじる傾向もないではないが、すぐれた方法には学ぶべきで、毛嫌いするのはおかしい。

ハウツウ的技術で、ひとつ気になることがあるとすれば、いついかなるときも、快刀乱麻、これで問題が解決するような錯覚を与えている点である。学んで時にこれを習う心を忘れがちになる。即席的効果を期待しやすい。

加えるに時間をもってすれば、ハウツウの技法も雛になる卵を生み、あるいは卵を雛にする啐啄の機を与えてくれるであろう。つまり、生活の中へ融和できるということである。

もっとも、日常の生活ははなはだ現実的、具体的である。頭の中で温められている卵はすぐ役には立たないから、どうしても多忙な実際的考慮のために片隅へ押しやられてしまう。ものを考えるには、ときどき立ち止まって心の中をのぞき見るゆとりが必要である。

ものを考える習慣をつければ、めいめいに自分だけの思考法がおのずから育つはずである。それが思考のスタイルである。われわれはこれまで思考の方法を求めるのに急であって、人によって異なる個性を反映した思考のスタイルを育てるのに、いささか怠慢であったような気がする。

もちろんスタイルに固執すれば、悪いマンネリズムに陥る。スタイルはたえず新しいものをとり入れて、新陳代謝を続けながら、恒常性を維持する個性でなければならない。

この本は、ひとりの人間が自分の思考の方法についてのべたものである。それがスタイルといえるものかどうかは、自分では判断しかねる。ただ、思考過程に時間の要素を加味するところが、特色といえば特色かもしれない。こういういわば楽屋話のようなものを披露するのは趣味はよくないが、あくまで読者の参考に供するためで、このまま実践をすすめるものではない。

もし何人かの読者に、この本が啐啄の機をもたらすことができれば、著者としてそれこそ望外の喜びである。

1 忘却のさまざま

忘却恐怖

小学校へ入ってからこのかた、われわれはものを覚えることにあけくれて来た――ある友人がしみじみそう述懐した。多少とも知識と関わりのある職業についている人なら同じような感慨をもつ人がすくなくないだろう。

ものを忘れてはいけない、というのは、ほとんど本能的な怖れになっている。学校とは、放って置けば忘れることをいかにして忘れないようにするか、の努力を競い合う場所である。記憶のよいものが優秀な成績をあげるのは当然である。

試験というのは、われわれの記憶装置をテストするために案出されたものとしかいいようがない。教わったことを忘れたであろう頃を見はからって、思い出してみよと命じられるのが試験である。なるべく原形に近い再生をする必要があるから、直前に記憶しなおす一夜漬が有効な準備になる。

思えば、これは人間の頭のずいぶん無駄な使い方である。昔はコンピューターがなかったから、いまならコンピューターに任される仕事でも人間がしなければならなかった。教育はそういう機能をもった人間コンピューターを養成する目的をもっていた。コンピューターが忘れたりしては台なしになる。絶えずテストして忘れないように見張っている必要があるというわけである。

ものを覚えるだけが能ではなく、それを基本にして考えるのが大切なはずなのに、天は二物を与えずではなく、二兎を追うのは賢明でないと考えたためであろうか、記憶第一主義が確立してしまった。機械が情報や知識を記憶、再生することなど夢にも考えられなかった時代なら、それでもいい。現代のような状況では、当然のことながら、人間頭脳の訓練は違った目標に向けられるべきである。それなのに、相も変らず、記憶一点張りがつづいている。それでおかしいとも思われないのだから、不思議である。

記憶は完全な原形の再生ではないはずだが、一般には、そう思われている。ものを食べてしばらくすると、食べたものは胃の中で消化が始まる。それをもどして見れば、おそらくもとの形はとどめていまい。原形そっくりが出てくるようだったら、その人間の胃は消化力がゼロという証拠である。知識についても似たことがいえよう。頭に入れたことがいつまでも変化しないでそのまま残っているようであったら、記憶力の優秀さを評価するよりも、消化力、理解力の微弱さを欺かなくてはならない。

しかるに、世の中は、そういう微弱な消化力しかもたない頭を指して、頭がいい、などともてはやす。それで、猫も杓子も、忘れるな、記憶せよ、が合言葉になる。

過ぎたるは及ばざるがごとし。ことごとに記憶を尊重するものだから、忘れたいことまで忘れられなくなる。われわれの日常はじつに雑多な情報を受け入れて、その中から必要なものだけを選択し、残余はなるべく早くすてる、つまり、忘れる要がある。多くは忘れるという意識もなく忘れる。忘却はいわば下水道みたいなもので、詰まったらことだ。忘れてはいけないと怖れている優等生のパイプは多少とも詰まっている。

その詰まり方がすこしひどくなると、いろいろおもしろくない現象があらわれる。小さなことばかり覚えていて、かんじんな大局を見失う。精神が倦怠、不活発を訴える。はてはノイローゼ症状を呈する。そこではじめてあわて出すのだが、原因に忘却恐怖のあるのがよくわかっていないのは、まことに困ったことだ。

自然の状態では下水道のパイプはそんなにしばしば詰まったりしないようにな

っている。詰まっては大変だから、そういう予防の措置を神様がちゃんとつくっておいてくれてある。

睡眠である。眠りは肉体の疲れを休めるのはもちろんだが、頭の中の整理をする時間でもある。目をさましている間に入ってきたおびただしい情報、刺戟が仕分けされて、当面不要なものは忘れるルートへ載せられる。

朝、目をさますと、頭がすっきりして爽快なのは、整理すべきものがとりのぞかれているからで、つまり、本当に頭がよくなっているためである。睡眠は自然忘却の装置であるのに、忘却を怖れるあまり、知らず知らずのうちに、その装置を働かないようにしてしまっていることがすくなくない。

健康な人間なら、横になればいつしか眠りにつくものなのに、寝つきの悪い人間が多くなってくるのも、どこか不自然な力が頭に加わっているのではないかと思われる。長寿者が申し合わせたように、くよくよしないことを長生きの秘訣にあげている。忘れることは本当に健康の条件なのである。

これまでの学校教育が記憶だけを教えて、忘却を教えなかったのは、たいへんな手落ちである。上水道をつくって、下水道をつくらず、たれ流しにまかせておくようなものである。知識の異常な詰め込みが行なわれているといわれる現代である。正常な自然の忘却機能だけに頼っているのが危険なことはわかりきっている。それに気付かないでいるとは、いったいどうしたことであろうか。

先立つ忘却

ひるの間にいやなことがあったとする。そんな仮定をしなくても、われわれの日々は不快なことにこと欠かない。人に会い、仕事の話をし、会議をしたりすれば、かならずといっていいほど、心にトゲがささる。

忘れようとすればするほど、意地悪く思い出されて、そのたびにうずきが走る。へとへとに疲れて家に帰るのは、体だけではない。満身に傷手をうけた心のせいで、疲労はいっそう深刻である。

よくしたもので、たいていのことは、一夜明ければ嘘のように忘れている。それだからこそ生きてもいられるのだ。これを優等生の記憶のように忘れず蓄積していったら気が変にならない人間はいないはずだ。本当に頭のいい人間とは、忘れるべきことを労せずして忘れられる人のことでなければならない。世間が糞詰まりみたいな頭を指して優秀だなどというのは、とんだ誤解である。

忘れようとしてみると、これが案外、どころか、ひどく難しいことがわかる。

自然な生活をしているのなら、眠りという自然の忘却で、だいたいは間に合う。それでも、ものごとにこだわり、ごく記憶力のよい人だと、消化不良の事柄でなんとなく気が重くなったりすることがないとはいえない。

ところが、現代はとても自然な精神生活をしているとは思えない。朝起きて新聞を読む。勤めに出ると、仕事が待っている。学校へいっている学生だと、また、濃縮した知識を頭の中へ無理に押し入れる。不自然な流入を行なっているのだから、自然のオーバーフローに任せてはおけない。排水の努力が必要になる。

いちばん不自然な知識の注入を行なっていると見られる学校教育を例にとってみても、流入、つまり、学習については、いろいろ考えられているのに、水はけの忘却については、ほとんどまったく配慮されていない。忘れるのが難しい、などといっても相手にする人はすくない。それほど記憶信仰は強固なのである。

知識をどんどんとり入れるためには、まず腹をすかせていなくては話にならない。どんなにおいしい料理を食べさせようとしても、満腹では受け付けない。腹をすかせるには、新陳代謝が行なわれていることが前提で、糞詰まりではすがすがしい空腹感はおこらない。排泄ということがいかに大切であるか。これは詰め込みの専門家？　である現代の教育者にとくと考えてほしい課題である。それを抜きにしてものを教えるのは、便秘人間をつくることにほかならない。いまの世の中には糞詰まりがあまりにも多い。それをもの知りとか、知識人と称しているのは笑止のさたである。

知識といやなこととは別だというかもしれないが、入るのはいいが、あまりたまっては困る点では変わりがない。

不愉快なことは忘れようとしてもなかなか忘れない。そこで忘れる努力がなされる。知識は忘れようとしないでもよく忘れる。そこで覚える努力が必要になる。それが常識だが、知識の摂取も過度になれば、やはり、それなりに忘れる方法が考えられないと精神の健康がおびやかされる。教育にはまず忘却の方法論を確立しなくてはならない。それがしっかりしないうちに詰め込むから弊害があらわれる。排水溝さえ詰まっていなければ、どんなに知識を詰めこんでも心配はない。

不愉快なことを忘れる方法のうちで、もっともよく見られるのが、自棄酒《やけざけ》であろう。放っておいては、いつまでも心にまつわりつくに違いない、そう思うから、何とかして、それを雲散霧消させたくなる。アルコールの勢いをかりて、さっぱりしようとするのがこの自棄酒だ。

こういう酒がいい酒とはいえないのはわかり切っている。体にもよくないだろう。しかし毒も使いようによっては薬になる。いつまでもくよくよ、めそめそしているよりは、酔払って前後不覚になり、死んだようになって眠って、目がさめたら、けろり、と忘れていたというのであったら、この自棄酒は忘却に成功したことになる。一概に、これを目のかたきにするには当らない。

それほど大したことでなくても、心にかかることはいくらもあって、それがたび重なると、気が重くなる。ストレスになる。疲れを覚える。そういう老廃物もやはりはやく発散してやらなくてはならない。そのたびに自棄酒をあおるというのは現実的ではないから、ひとそれぞれに、頭の切りかえの工夫をもっている。

お茶をいっぱい、タバコを一服というのも、効果がある。もうすこし大規模の気分転換は旅行であろうか。昔から思い屈した人間が世をすてて旅に出る。それで心機の一転をはかったのは、いわば壮絶な自棄酒である。

社会の機構がうるさくなり、仕事に単調な繰返しが多くなってきて、レクリエーションということがいわれ出したのは、労働の流入に対して、休んで遊ぶ流出が大切な役割をもつことが認識されたからであろう。レクリエーションは形を変えた自棄酒だといえないこともない。

知的な活動において、もし、労働のみ考えてレクリエーションが充分考慮されていないとしたら、それはずいぶんおかしなことになる。

カタルシス

ものを考えるのは、ものを覚えるのとは違うけれども、頭の中にいろいろごちゃごちゃ詰まっている状態が望ましくないのは共通している。

たとえ有用な知識であっても、頭にいっぱい詰まっていれば、そのあとおもしろいことを考える余地もない。ちょうど一面に書きこまれている黒板のようなものである。新たに何か書こうと思えば、まず、書き込める場をこしらえなくてはならない。黒板をふくのである。それが忘却である。自然に忘れるのを待っていられないときは、忘却を促進する試みがなされなくてはならない。

そのたびに自棄酒をのんではいられないことはすでにのべた通りだが、アルコールがすぐれた効果をもっていることは改めて認識する必要があろう。仕事を終えたあとのお酒はおいしいというが、精神の洗濯をして、新しい仕事への意欲をかき立ててくれる。酒は百薬の長、である。そもそも酒が重んじられてきたのも身心をリフレッシュする働きに注目したからであろう。酔払いを奨励したのでないことはたしかである。酔うということは、われわれの内部に蓄積する望ましくないものを外へ排泄することになる。ときに耐えがたい二日酔いという目には会っても、それは飲み方が悪いのであって、いい酒なら、醒めたあとはつねに爽快でなくてはならない。

アリストテレスはカタルシスという仮説で芸術の弁護をした。人を殺す芝居を見て、なぜ、観客が快感を覚えるのか。現実に殺人が行なわれてならないのはいうまでもないが、これが舞台上で行なわれるのを見て人間が美を感ずるのは、われわれ人間の心の中に生ずる有毒なものを演劇という下剤で浄化（カタルシス）するのだと説明した。芝居もレクリエーション、忘却の一形式と考えられる。逆に、忘却もカタルシスにきわめてよく似ている。酒の効用もまたカタルシスの効用であるとしてよかろう。

机の前にしばりつけられている勉強家よりも、スポーツマンの方がかえっておもしろい仕事をしたり、いい成績をあげたりすることがあるのも、汗を流して運動するのが、カタルシスとしてすぐれていることを物語っている。スポーツか勉強か二者択一のように考える向きが多いのは、スポーツをしたらあと何もできないほどスポーツに淫することからおこる誤解である。いかに酒が百薬の長だからといって、酒びたりになっていればアル中になるのは必定だ。

入浴も気分一新に効果がある。日本人は風呂好きといわれ、イギリスの大学学生寮では日本人を泊めるのはいいが、湯の消費が多くなって困るといってこぼしているそうだが、この高温多湿多雨の風土では入浴は欠かすことのできない衛生法である。だが、ことはそれだけにとどまらない。精神衛生から見ても、ひと風呂浴びて、さっぱりするのは、健康的である。カタルシス効果もきわめて大きい。

しかし、頭にたまっていることをきれいにするには、やはり歩くことがもっとも適しているようである。古来、ものを考える人が散策をし逍遥《しょうよう》をするのは偶然ではない。京都の東郊、鹿ヶ谷には、哲学の小径というのがある。学者たちが思索をしながら歩いた道としてはすこし足場がわるいし、このごろはひどく荒れたという人もあるが、歩きながら考えるよりも、歩くこと自体に意味がある。

なんとなくまとまらない気持、妙に心にかかること、気になることがあっては、落ち着いてものを読むことも考えることもできない。そんなときは散歩にかぎる。

散歩という言葉はぶらりぶらりのそぞろ歩きを連想させるが、それではカタルシスはおこりにくい。相当足早に歩く。はじめのうち頭はさっぱりしていないが、二十分、三十分と歩きつづけていると、霧がはれるように、頭をとりまいていたモヤモヤが消えていく。

それにつれて、近い記憶がうすれて、遠くのことがよみがえってくる。さらに、それもどうでもよくなって、頭は空っぽのような状態になる。散歩の極致はこの空白の心理に達することにある。心は白紙状態（タブララサ）、文字を消してある黒板のようになる。

思考が始まるのはそれからである。自由な考えが生まれるには、じゃまがあってはいけない。まず、不要なものを頭の中から排除してかかる。散歩はそのためにもっとも適しているようだ。ぼんやりしているのも、ものを考えるにはなかなかよい状態ということになる。勤勉な人にものを考えないタイプが多いのは偶然ではない。働きながら考えるのは困難である。歩くのは仕事ではない。だから、心をタブララサにする働きがある。時間を気にしながら目的地へ急ぐのでは、歩いても思考の準備にはならない。ものを考えるには、適当に怠ける必要がある。そのための時間がなくてはならない。

自由

ながら族というのがある。ラジオをききながら勉強する受験生がその走りだったといわれる。そんないい加減な気持で何ができる、集中しなくては、と大人はやかましくいうが、考えてみると、ながら族にも言い分がありそうだ。

タブララサが望ましいには望ましいが、あまり、何もなさすぎるとかえって落ち着かない。勉強するには、静かな方がいいが、静かすぎると、こんどは静かさが気になる。こういう静寂は一種の騒音効果をもつから、それをうっすら抑えてやる方がいい。黒板に文字が多すぎても困るが、そうかといって、全然何もないのもまた不安である。それですこしじゃまを入れておいた方がかえって集中しやすい。製氷するとき水中の気泡を抜かないと、氷が白く濁る。気泡を抜く必要があるが、そのためには水の中へ逆に空気を送り込む。そうすると、小気泡が空気に吸いとられて透明な氷になる。ながら族のラジオにもいくらかそれに似たところがある。

精神を自由にするには、肉体の一部を拘束して、いくらか不自由にする方がいいらしい。中国の宋時代の詩人、欧陽修《おうようしゅう》が三上、馬上・枕《ちん》上・厠《し》上を妙案の浮ぶ場所としてすぐれていると考えたのも、それぞれ、完全に自由にならない立場にあるからだといえそうである。馬上にしても、枕上にしても、トイレの中にしても、ほかにすることとてないが、そうかといって、別にほかのことをするわけにもいかない。そういう状況でものを考えるのも、〝ながら族〟の一種である。欧陽修はながら族の大先輩かもしれない。

われわれは当面のこと、関心のあることに心をひかれる。関心をもつというのは、そのほかのことに心が向かないことで、気にかかる大問題をかかえる人が、ときとして、とんだ失敗をやらかすのは、注意が一点に集中していて、ほかが留守になるためである。

したがって、なるべく、些細なことに関心が向けられている方が精神の自由には好都合である。三上はそういう状態をつくり出すのに適しているということであろう。

ものごとに執着するのは、心の自由にとって大敵である。人間はどうしても、自分を中心にものを見、考えがちで、それが関心と呼ばれる。

英語でこの関心のことをインタレスト（interest）というのはおもしろい。インタレストとは利害関係のあることで、したがって、関心ともつながり、おもしろさ、興味ともかかわってくる。何かに関心をもつというのは、それと利害関係をもつことであって、精神の自由はそれだけ制約される。いろいろな知識をもっているというのは、さまざまな利害関係でがんじがらめになっていることを意味する。そういう頭脳では自由奔放なことを考えるのは困難であろう。

そこで、自然の、あるいは意識的な、忘却が重要となる。もろもろのインタレストのきずなから解放されるのが忘却で、それには日常性からの離脱が求められる。仕事や勉強だけしていては、忘れることが難しく、利害関係の網の目からものがれられない。

三上はささやかな日常性からの遊離である。自棄酒はかなり大きな現実否定になろう。出家、隠遁、雲水の旅に漂泊するというのは、生涯をかけたカタルシスである。

そうして、心をしばるもろもろの関係を切りおとして、無心の境に達して悟りが生まれ、発見が可能になる。英語の disinterestedness は、公平で私心のない状態の意味だが、インタレストを超越したということである。これが容易に達することのできない心境であることは修養の上でもいいうることだが、思考においても、このディスインタレステッドネスこそ最高のタブララサである。

ものを考えようとすれば、ある特定の問題に心を寄せなくてはならないが、関心をもつとたちまち、心の磁場にゆがみが生じる。ものがあるべきように見えないで、あってほしいと思う形をとるようになる。思考は不自由にならざるを得ない。はげしい関心をもちながら関心の拘束から自由になる。インタレストをもちながらディスインタレステッドネスの状態をつくり出さなくてはならない。

思考の逆説はそこにある。

2 自力と他力

グライダー効果

英語の会話をしなくてはならないという日の朝、英語のレコードを聴いておくと、そうしないときより確実に言葉が出やすくなる。これは多くの人がひそかに実行していることらしい。外国語で文章を綴るときも、その直前に、お手本になる英文をしばらく読んでから執筆にかかると、たしかに書きやすくなるように思われる。

こういう場合のレコードも読書も翌日になれば効果を失ってしまう。ほんのひとときのご利益でしかないわけだが、とにかく、そういう学習効果がしばらくは残存するというのがおもしろい。われわれは知らず知らずのうちに、こういう作用をうまく使って、いろいろなことをしているのだ。

これをたとえていえばグライダーのようなものである。お手本になるものに引っ張ってもらうと、飛び上って空を滑る。しかし、自分の力で飛んでいるわけではないから、やがて力を失って地上へ降りてこなくてはならない。ただ、飛んでいるときは、あくまで優雅で、どうして飛んでいるかなどは問題にならない。そればかりではなく、むしろ、音もなく滑空しているところなど、本当の飛行機よりもましであると思うかもしれない。飛んでいれば、グライダーか飛行機かはわからない。すくなくともグライダーはグライダーであることを忘れることができる。

ただ、グライダーの泣きどころはたちまち落ちてくることである。真似は身につかないで、すぐはげる。もっとも、落ちてくる前にまた引っ張ってもらえば滑空を続けられるから、それを繰り返している限りグライダーは自らの悲哀を味わなくて済む。そういうグライダーがいかにも飛行機みたいに大きな顔をするということはありうることである。

しかし、グライダーはやがて落ちるところにその本領？　がある。ほかの力に引かれて飛ぶが、その動力がなくなると、やがて動きをとめる。しばしの虚の運動である。考えてみると、教育というのもいくらかはこのグライダー効果をねらっているように思われる。自分では飛べないものを引っ張って飛び上らせる。落ちそうになったらまた引っ張り上げる。こうして落ちてくるひまのないグライダーは、永久に飛び続けられるような錯覚をもつかもしれない。しかし、それはあくまで錯覚である。

学校の成績の優秀な学生が、卒業論文を書く段になって思いがけない混乱に陥ることがある。小学校以来、試験といえば、教わったことをそのまま紙に書きつける。それがうまくいくと満点をもらってきた。引っ張られるままにおとなしく飛べれば〝優秀〟なのである。それはグライダーとしての性能である。そういうグライダーに向って、さあ、自由に好きな方へ飛んでみよ、いつものように、引っ張ってはやらない、自分の力で飛ぶんだ、といったらどうであろう。〝優秀〟なグライダーほど途方に暮れる。

下手に自前のエンジンなどつけていると、グライダーの効率は悪くなる。グライダーはグライダーに徹しなくてはならない。そう思っているときに急に自力飛翔を求められる。混乱するのは当り前である。独創的な論文など、何のことか見当もつかない。

学校はグライダー訓練所である。そこで飛ぶことができるようになる、と見るのはあくまで外見の上だけにすぎない。何年滑空していてもエンジンのついていないのははっきりしている。自力で飛び立つことはできない。これは教育に限ったことではない。読書も一種のグライダー効果を与える。本を読むと、その当座はいかにも知識が豊かになったように感じられる。人間が高尚になったと思うこともあろう。ただし、本から離れると、やがてまたもとのモクアミに帰る。それがグライダー効果であることに気付かず、読書によって簡便に自己改造ができるように思い込む読者にとって、読書はしばしばきわめて有害なものになりうる。それは、古来、先人が警告している通りである。

世の中がグライダー効果の習得にのみ目を奪われているとき、エンジンを搭載して、自分で空を飛ぶにはどうしたらよいかについては、ほんのすこししか考えられないとしても不思議ではあるまい。エンジンさえあればいいというものでもない。爆発するかもしれないし、飛び上ることもできるかわり、ひょっとすれば墜落しかねない。グライダーは滑りながら着陸できるが、飛行機が墜落すれば木端みじんになる。それにもかかわらず、われわれはエンジンを積んだ飛行機の方がグライダーよりも決定的に優れていると判断せざるをえない。学校教育がグライダー訓練だけしか考えないのは奇怪である。

もっとも、グライダーにも独創の余地がまったくないわけではない。引っ張る力がなくなってグライダーが緩慢に着地するとき、予期されている方向へ向わずにおもしろい降り方を試みることは可能である。学説の修正や批判がある程度の創造的な仕事となるのは、グライダー効果の消滅時におこる個性の発揮によるのである。それはしかし、飛行機が飛びたいところへ自由に飛んでいくのとは、おのずから別である。

思考の木

モノを移すのに三つの方法がある。

ひとつは、たとえば椅子をAの地点からB点へ移すような物理的移動。もうひとつは、中国のパンダを東京の動物園へ連れてくるような動物の移動。椅子は移動させても、それだけでこわれたりすることはないが、パンダはうっかりすると死んでしまう。熱帯に生息する動物は自然の状態なら寒帯では生きられない。

もっとデリケートなのは植物の移動である。椅子の移動のようにいかないのはもちろん、パンダの移動よりもさらにやっかいだ。花のさいている木を移そうとするのに、枝だけ切ってきたのでは移したことにならない。どうしても根から掘って移植する必要がある。

おもしろい着想があると、われわれは、簡単にそれをわがものにしようとする。借りてきていかにもわがもの顔をしているが、それなら物理的移動に近い。アイディアはそういう非生命的なもの、無生物ではなく、ひとりの人間の心という土壌の中で芽を出した〝いのち〟〝植物〟である。借りてきたアイディアはさしずめ、花の咲いている枝を切って来るようなものである。本当の移動でも何でもない。

切り花は根がないから、たちまち、枯れてしまう。そこで根が生えたり、次の代の花がついたりしないのはもちろんである。学校で教えるのは、つまり切り花の売買であって、花はいかにして咲かせられるかという思想の園芸学ではない。知識人というのは切り花の中にうまって花の香にむせぶ花屋にいくらか似たところがある。

われわれは美しい花が咲いていると見たら、どうしてそれを移植するかを考えるだろう。そこですぐ掘りくりかえしたりするのは論外。どんな頓馬な庭師でもそんな真似はしない。花の散るのを待つ。木なら葉が落ちるのを待って、根のまわりを掘って根まわしをする。もちろん、季節を選ぶ。根には土をつけなくてはいけない。移植した植物が翌年すぐ花をつけてくれるかどうかはわからない。一年や二年は花は咲かないと覚悟した方がいい。時間をかけるのである。植物の移動にあせりは禁物だ。

明治以来、われわれの社会は海の彼方に咲く文化の花に心を奪われてきた。美しいとなると矢も楯もたまらず、切り取ってきてわがものにしたように思った。それはいってみれば、花瓶に入れて眺めていたにすぎない。そういう花の命は文字通りに短い。枯れればまた後がまを切り取ってくる。切り花文化であった。これでは独自の花を咲かせることに成功しなかったとしても、当然であろう。

同じ文化でも、自然科学的概念は、時代と場所を超越することができる。その限りにおいて椅子と同じような移動も可能である。熱力学の第二法則は棒くいのようなもので、ドイツにあっても、日本にもってきても変化を受けることがない。それに反して、たとえば〝美〟の概念は松の木のようなものであって、移植に細心の注意がいる。移植を必要とする人文科学の分野にはわれわれが誇ることのできる独創が見られないのはもちろん、充分理解しえた、つまり向うのものを移動させ得たかどうかもはなはだ疑問としなければならないのに対して、棒くいをもってきて立てればいいような自然科学では国際的水準に達し、あるいはそれを凌駕する部門さえあらわれているのは偶然ではあるまい。

移植した方がもとのままよりも成長のよい植物、たとえば、稲などがある。それと同じように、思想、文化の花についても原産地におけるよりも移植した先においていっそう大きな花をつけ、実を結ぶということがあるのは、文化交流の歴史が教えてくれる通りである。まず植物的生命をもつものを移植し、理解する。ついで、それから新しい花をさかせる。これが独創である。そういう思想の園芸学について、われわれはほとんど何も知らない。それで、切り花を並べてさも花をもっているように考えてきた。

カクテル

知的創造といえば、まず論文が頭に浮ぶ。はじめて本格的な論文づくりに挑むのは大学の卒業論文であろうが、はじめから思い通りの論文などできるわけがない。どこの大学でも論文指導ということはする。はっきり論文作成演習と銘打った時間を設けているところもあるようだが、ある程度のアドヴァイスを与えたり、形式についての指導をするくらいが関の山で、論文をつくり上げる思考法といったものを教えることはとてもできない。

論文指導においては、まず、重要な参考書をなるべくたくさん読むようにすすめる。先行研究に目を通しているうちに、おのずから論文というものがどういうものかもわかってくる。それがいちばんの勉強であるとされるのである。

ノートをとり、抜き書きをしながら読んでいると、それだけで新しいものが生まれつつあるような錯覚にとらわれる。ことに諸家が諸説を出してどれが正しいのかにわかに決し難いようなときには、諸説を一応整理するだけで〝学術的〟意義をもつと考える。はじめからはっきりしたテーマを持っていなくても論文は書けると思う人がいるらしい。むしろ、なまじっかな考えがあると、独断に陥る。主観は殺して忠実に客観的事実を追究するのが研究であり、論文の建前であると思っている人すらある。一部、アカデミズムの態度である。

自分の頭で考えることをやめて、権威ある学説、意見に耳を傾ける。諸説が並存すれば、それを適当にミックスさせた結論を引き出す。折衷主義である。

そういう論文もすぐれたものは読む人間を酔わせる。飲んで酔うものは酒であるから、諸説折衷論文も酒の一種であるということはできよう。実際多くのそういう論文は自らを、酒だと主張しているように思われる。

こういう論文に人を酔わせる力があるのは論文筆者の手柄というよりは、引かれているもとの説のもっている力による。たとえていえば、カクテルが人を酔わせるのは、バーテンがアルコールを醸成したからではなくて、ベースになっている酒にアルコールが含まれているためである。バーテンはただそれらをシェーカーに入れて振って混合したにすぎない。バーテンは酒を造るのではなく、調理者である。諸書を渉猟《しょうりょう》してまとめ上げられた論文はカクテル論文で、その筆者はバーテン相当である。こういうカクテルをどれほど作ってもアルコールの創造者であるとはいわれないのははっきりしている。

酒を造ってはいないのに造っているような勘違いをする。本当の酒を造るのはたいへんらしいことはお互いにわかっているが、きわめつけの銘酒は手に入れる労さえ惜しまなければ、何とかなる。なるべく権威のある酒によってカクテルを作るのがバーテンの腕というものだ。もし万一、お客に、この酒はおかしいではないか、というのがいれば、これこの通り、といって棚に並ぶラベルの輝くボトルを指せばいい。論文を書いたら必ず脚註をつけて、酒の産地、銘柄などを明記しておけば、そんなことをする手間も省けて親切である。脚註の参考文献はあまり古いものだと腐っているおそれもあるから、なるべく新しいものがよいとされる。当然であろう。進歩の早い学問だと数年前のものはもう〝古い〟から、雑誌論文に目を配り、ときには活字になっていない論文が謄写印刷で専門家の間に読まれるということも起ってくる。

うまいカクテルを作るのもひとつの芸である。いろいろな酒の長所をかね合わせたものはそれなりの価値をもつ。しかし、酒を造るのはカクテルを作ることとなりときめこんでしまっているのではないかと思われることがあまりにも多くなってくると、カクテル作りは酒造りではない、という自明の理をこと新しくもち出さなくてはならなくなる。

近代文化はおびただしいカクテルを生み出したけれども、そのもとになっている酒を造ることにかけてはまだまだ未発達の段階にとどまっている。とりわけ、わが国の近代文化には外国の酒、洋酒の方が地酒の日本酒よりもすぐれているに決っているという信仰が続いている。日本酒でもカクテルはできるはずだが、やはり本格派は洋酒である。だいたい論文そのものが外国渡来のものだから、これは致しかたもない、とするか。

酒造り

ものを考える。新しい着想を得る。アイディアが浮ぶ。それだけでは知的創造は完了しない。アイディアはいわば化学の分子に相当する。ものは分子から成っているが、単独の分子ではない。個々の着想や思考が有機的に結びつき合って、人を酔わす力をもったとき、独創になる。酒が生まれるのである。

カクテルのように酒を材料にして酒を作るのは加工であって創造ではない。酒でないものに化学反応をおこさせてアルコールを醸成したときはじめて酒を造ったということができる。創造とはこの意味の醸造でなくてはならない。しかるに、われわれは長年にわたる教育の間、既成の酒についての知識こそいろいろと与えられてはきたけれども、そもそもそれらの酒はどうして造られたのか。はじめてその種の酒を造ったのは、どういうきっかけであって、ほかの酒とどういう違いがあるのか、などについてはほとんど何も教えられなかったといってよい。

それなのに、大学を出る直前になって、おいしい酒を造ってみよ、と要求される。身に覚えのないことをせよといわれて途方に暮れた結果、いちばん安易に〝酒〟のできるカクテルへ走るのは人情としても無理からぬことだ。最高学府はできそこないのカクテルの臭気が充満する。ときに、本ものの酒を造ろうとする学生もいないわけではないが、まわりから、そんな酒がこれまでどこにある、勝手なものを造っては困ると叱られるから、独創的な考えをもっているものまで、カクテル作りに向わざるをえなくなる。

酒というのは人間の文化とともに古いのではないかと思われる。それほど昔からある。その造り方についてもいまさら大幅な改良の加わる余地はほとんど残っていない。それほどに完成したアートである。知的創造も同じように人間の歴史とともに古くからあったに違いないが、頭の酒は胃に入れる酒ほど効果がはっきりしないこともあって、醸造について考えつくされているとはとうていいえない。

現在われわれが継承している文化、学問、知識は、かつて醸造された酒の集積である。時代が下るにつれて、学問が進み、知識の量が多くなると、新たに酒を造ることよりも過去の酒について知ることの方が意義があるように思われてくる。造り酒屋ではなく、酒の問屋、小売店、バーテン向きの勉強が、学校でも重要な地位を占めるようになる。そこで酒を造れといわれたら、カクテルを作るほかはない。何年バーテンの修業に年季を入れても一滴の地酒を造ることもできないからである。むしろ、日頃、瓶に入った酒に触れすぎていることに酒の神秘を忘れさせる危険すらつきまとう。教育程度の高いことが、かならずしも創造性の高さと比例しないことは、知識の習得そのものの中に、非創造的要素が含まれているのではないかとさえ疑われるほどである。さて、その地酒造りだが、これについてはあとでまた具体的に考えることにする。

アナロジー

創造にはグライダーでは駄目である。いくらオンボロでもエンジンがついていなくては話にならない。グライダーのキャリアがついていても自然にエンジンが出来るのではないことははっきりしている。それなら、グライダー訓練と飛行機の製造とは別々に行なわれなくてはならないことになる。前者だけしかやっていない学校教育はとんだ忘れ物をしていることを認めなくてはならない。

思想の木の花は根をもっていなくてはいけない。切り花は生命をもっているとは断言できないであろう。知識の切り売りというのは切り花だけに目をつけたものである。よそで咲いた花ではしかたがない。自分の力で咲かせた花が貴いのである。それには根から移し植え、じっくり時間をかけて新しい花を開かせる。これまでわれわれは、思想の園芸学に無関心でありすぎた。花は花屋さんで買うものと思っていたのである。

酒についても、買ってきた、あるいは盗んできた酒をうまく調合させて、いかにも自分の酒を造ったように思いがちである。もしそこに独創があるとすれば、各種の酒の混合の割合をどうするかといった点くらいであろう。カクテルは他力本願である。知的創造は他人のものを失敬したり、加工したりして生まれるものではなく、自分の頭の中の化学反応によってのみ可能である。酒から酒を造るのは本道ではない。酒でないものから酒が造られなくてはならないのである。

比喩的

知的創造をこのように考えていくのは、アナロジーの方法である。グライダーと飛行機、切り花と思想の木、カクテルと地酒、いずれも比喩である。

われわれの社会には、こういうたとえ話をあまり喜ばない傾向がある。アナロジーは問題の新しい面を示してくれる利点があると同時に、対象の誤ったとらえ方をする危険をもはらんでいる。アナロジーが一応は成立してもそれを無理に押していくことは避けなければならない。ここで、問題をグライダー、切り花、カクテルと三つの面からのアナロジーで考えたのも、その点をおもんばかったからにほかならない。

アメリカの哲学者スザンヌ・ランガーは『新基調の哲学』で次のようにのべている。

「哲学的思考は、まず、不完全な、しかし、熱烈な新しい概念から出発し、しだいに厳密な理解が得られるようになり、やがて最後に、言語が論理的洞察に及ぶようになる。そこで比喩がすてられ、文字通りの記述がこれに代わる。真に新しい着想は、それまでに用いられている言語では名称がないのだから、最初はつねに比喩的記述を借りなくてはならない」

別に、この言葉の威を借りようとは思わないが、アナロジーの思考に興味があったので、自力と他力の問題をそれで考えてみた。

3 着想

「妙想はどこから生まれるか」

「人間、何が愉快だと言って、いい着想を得るほど愉快なことはない。ずっと考えていて、あまり考えすぎていささか疲れる。それでしばらく忘れるともなく忘れていると、突然、さっと妙案が閃く。考えてもいないときにひょっこり解答があらわれるのだ。神からの授かりものであるかのように……。着想がすべてそういうあらわれ方をするというのではないが、おもしろいことに、実に多くの場合がそうなのだ。ことに重要なアイディアにかぎってこういうことが多い……」

書き出しをここまで読んで、これはちょっとおもしろそうだという見当をつけた。

もう何十年も昔のこと、日本がまだいまのような〝大国〟でない頃のことである。貧しい日本の学生に同情して？　アメリカから教科書が贈られてきた。向うで学生が使ったお古というふれこみであったが、ま新しいものもかなりある。申し込むと必要な部数だけ届けてくれる仕組になっていて、便利だからそれを教室で使っている先生もいた。

私も試みに『エクスプロレイションズ』(Explorations) という題のついたテクストを何部か届けてもらった。それをパラパラめくっていると、冒頭のような書き出しの文章にぶつかったのである。

ご存知の方も多いと思うが、アメリカの教科書は大部なものが多い。一冊ではとにかく、三冊重ねたらじゅうぶん枕の代用になる。この『エクスプロレイションズ』も七百六十ページある。向うの大学で一般教育の国語のクラスで使うように編纂されているらしい。国情が違うから、こういうものをそのまま教室へもち込めば、たいていは失敗する。

われわれが小学校や中学校へ通ったころ、教科書といえばどんなに厚くても二百ページどまり、すらりとしていたものだ。戦争に負けたら万事アメリカぶりになって、ものが不足しているときから、教科書ばかりはどんどん厚くなった。いま中学校の国語の教科書など三百ページを軽く越している。そして教科書を教えるのではなく、教科書で教えるのだ、などと講釈する向きもあるが、教科書の扱いは昔と大差はない。国語の教科書だとまず文字の意味をとる読解にかなりの時間をさいている。それで三百ページの分量がこなせるわけがない。うっかりしていなくても残ってしまう。急いでやれば、何がなんだかわからない生徒が続出する。

詰め込みはまずい。本当に大事なことだけをみっちり学習させるべきだ。学習内容の精選をはかれ、というのが新しい教育の合言葉のようになっている。つまり、アメリカ式の厚い教科書は手に余るということだ。形だけ真似れば何でもろくなことはない（それに、読みもの風の教科書をつくる技術が、われわれの国では、まだ歴史の浅いこともあって、あまり発達していない。いったいに日本にはすぐれた教科書がすくないのである。これは小学校中学校だけのことではなく、大学でもそうだ。大学ですぐれたテクストがあれば能率の上がるクラスが、講義の形式にとらわれているためにおもしろくなくなってしまっていることがいかに多いか。専門家は教科書などに手を出すことを恥じる傾向がつよいが、つまらぬ虚栄心である）。

『エクスプロレイションズ』は〝読書、思考、討論、作文〟のためのテクストブックだとある。十五の項目に分れている。教育、思考法、言語とよい文章といったタイトルから、経済と政治、求愛、結婚、倫理的価値といったものまで含まれている。各項とも代表的な短い読みもの三篇から五篇くらいを収めている。はじめに紹介した文章は、思考法のセクションの第二番目のエッセイ「妙想はどこから生まれるか」の冒頭である。筆者のL・L・ホワイトは科学者だという。くわしいことはわからない。

われわれの国では発明とか発見は神秘的なこととしてほとんど論じられることがない。二口目には〝考える〟ということばを乱発するくせに、〝考える〟とはどういうことかすらほとんど考えたことがなくて大人になる。いい考えをもちたいというのは人情だが、どうしたらおもしろい考えが浮んでくるのか皆目わからない。それをズバリと「妙想はどこから生まれるか」とやる。いかにもアメリカ的に明朗である。

そうはいうものの、これはやはり、「神秘」である、とホワイトは一応、カブトを脱いでみせる。心理学は普通の意識的思考の過程さえも完全に解明し切っていない。ましてやインスピレーションとして訪れる新しい着想の解明は至難であるという。お互いに身に覚えのないことではないが、やはりすぐれた創造的人間に起った例をしらべてみるのがいちばん手っ取り早い道だろう。そういって例をして語らしめる方法をとっている。

その具体例というのがなかなかおもしろい。そのいくつかを紹介してみたい。

着想は奇襲する

作曲家ワグナー自身が語っていることだが、〝ニーベルンゲンの指環〟の主題を頭に宿して数年、何とか実際の作曲にとりかかろうとして数カ月苦しみに苦しんだが、どうもうまくすべり出さない。ところが、一八六三年九月四日の夜、体調を崩してよく眠られず、翌日は長い散歩をして、その午後眠ろうとベッドに横になった。すると待ちに待った奇蹟がついに起った。半ば恍惚の状態におちいって、深い水底へ沈んで行くような思いがすると、それまでうるさかった外の騒ぎが突如として彼の頭の中で楽音に変じた、というのである。ワグナー自身にもどうして、こういうことが起ったのか見当もつかなかったそうである。

これに対してポアンカレは無意識のはたらきを自分の目で観察するという珍しい経験を報告している。

およそ半月の間、毎日机に向って何時間もいろいろの組み合わせを試みるが、どうもよい結果が出ない。函数論の発見までの苦しい時間を回顧してポアンカレはそういっている。

ある晩、ふだんはしないのだが、寝る前にコーヒーをブラックで飲んだ。そのために寝つかれないでいると、頭の中をたくさんの考えが踊りまわり、それがお互いに衝突し合っているうちに、偶然ある二つのものが結合し、自然に安定した組み合わせをつくり上げた。朝になってポアンカレは彼の函数論の一部が証明されたことを確信した。

これらとはすこし違って、夢の啓示による創造の例がデカルトの有名な〝われ考う、故にわれあり〟である。デカルトは長い間、確実不動なものを求めて書物を読み、人の教えを乞うたが、いずれも空しかった。ところが一六一九年十一月十日、夢の中で、求める不動絶対のものは自分の思考の中にあるという決定的発見をした、という。われわれの国でも〝夢のお告げ〟などというが、夢の中にはいわゆる思考にごく近似したものがある、ということはかのフロイトも証言している。

ここですこしホワイトの例から離れるが、中国の趙甌北《おうほく》の詩に「到老始知非力

取　三分人事七分天」という文句がある。若いときは何でも力まかせ、その気になれば何事も成らざるはないように思うが、年をとってくると努力をしても、どうにもならないことのあるのがわかってくる。力でできるのは三分、あとは運だといった意味であろう。人間のことはなかなか思い通りにならないものである。意志あれば道あり、精神一到何事か成らざらん、というけれども、そう思ってもできないことはいくらでもある。いい考えを得ようとするのもそのひとつで、あせっても、もがいても、ダメなときはダメなのである。むきになればなるほど、かえって逃げてしまう。

見つめられた鍋はなかなか煮えない、という諺がある。神経をつかいすぎるとそれが仇になって、逆効果になることがすくなくない。

妙案が閃くのも、何とかいい考えはないかと頭をひねっている時ではない。ほかの仕事で体を使っていたり、休息していたり、という思いがけないときに、ひょいといい着想が頭をもたげる。

先にも引き合いに出したが、欧陽修は文章を作る時によい考えがもっともよく浮ぶ場所として、馬上・枕上・厠上をあげた。三上といわれ、古来はなはだ有名であるが、いずれも机に向ったり、勉強したりしているときでないことに注目すべきである。文章を書こうとしているときには浮ばなかった妙案が、馬に乗っていたり、床の中に入っていたり、トイレへ入っていたりするときにひょっこりあらわれる。むきになると、そっぽを向いてしまう着想やアイディアが、ほかのことをしていると、そっと顔をのぞかす。人見知りをし、はにかむのであろうか。

ものを考えるには、ぼんやりしているのが理想だとされるが、何もしないでいるよりは、何かに〝従事〟している方がよいらしい。さきの三上はいずれも〝従事〟している状態である。体が軽く拘束されているとき、心はそれから抜けて自由に羽ばたこうとするのであろう。

子供のころ、明日は試験だとなると、試験の科目の勉強はどうもおもしろくない。そのくせ、ふだんは見向きもしないような本が急におもしろそうに見えてくる。ちょっとのぞいてみようと思って開いた本をいつまでも手放せなくて、とうとう読み了えてしまったということもある。ある友人はそういう〝危険〟を避けるために、試験科目以外の本を全部しばって押入れにしまってしまったが、そうするとかえって猛烈に押入れの中の本が読みたくなる、といった。

種子を寝かせる

話をはじめの本に戻すが、発見が思いがけないときにおこる例がいくつもあがっている。

ポアンカレはさきの発見とは別の函数論に関する発見をしたときのことをふり返って、馬車の踏み段に足をかけたときとか、道路を横切ろうとしていたときにインスピレーションが訪れた、とのべている。

モーツァルトは「魔笛」のメロディーを玉突きをしているときに思いついたし、ベルリオーズは水泳で飛び込みして、水中を浮上してくるとき、久しくさがし求めていた楽章が自然に口をついて出た。ウィリアム・ハミルトン卿はダブリンで夫人と街をぶらぶらしている間に数学の発見をしたし、化学者のケクレはロンドンのバスの〝二階〟に乗っているとき、中空に原子の乱舞を見て新しい理論を思いついた。

着想のあらわれ方のくせを知った天才たちが、待ち伏せして成功した例もすくなくない。ハイドンは多作で有名な人だが、「思うように考えが進まないときは、思い切って仕事をやめ、ロザリオをもって祈禱堂へ入り、アベマリアの祈りを捧げると、考えが浮んでくる」と告白している。

散歩が着想を得るのにきわめて適しているとする人はたいへん多い。モーツァルトは「馬車に乗っているとき、たっぷり食事をした後の散歩、眠られぬ夜などには、いくらでも考えが湧いてくる」と誇った。

蒸気機関改良のジェイムズ・ワットはゴルフのクラブハウスまで歩いていく途中でアイディアをつかんだし、ドイツの科学者ヘルムホルツは「すばらしい考えは、晴れた日にゆるやかな山の斜面を登っていくとき、ことによく生まれる」という観察を記している。発見や創造に心を砕いた人たちは申し合わせたように、アイディアが浮んだらすぐ記録できるように小さな紙片を持ち歩いている。

小説家スコットは〝寝て考える〟タイプであった。彼はよくいったものだ。「くよくよすることはない。明朝七時には解決しているさ」。ガウスといえば史上有名な大数学者だが、ある発見の記録の表紙に〝一八三五年一月二十三日、朝七時、起床前に発見〟と書き入れた。ヘルムホルツも、朝日をさますと同時にいい考えが浮んだという。夜つくられるのは歴史ばかりではなさそうで、朝は神聖な時間ということになる。

この本には出ていないが、英語には〝一晩寝て考える〟(sleep it over) という成句がある。発見とか創造といった大それたことではなくても、ひと晩寝て朝になって得られる考えがすぐれたものであることを生活の知恵でとらえたことばであろう。そういえば、たかぶった感情で書いた手紙はひと晩置いてから投函せよという教訓もやはり寝て考える効用を裏付けている。

こうしてみると、どうも考えは一度水にくぐってくる必要があるように思われる。寝て目をさましたときの考えがそうであるし、はじめの文章にもあるように〝しばらく忘れるともなく忘れている〟と、おそらく無意識のうちに熟していたであろう考えが突然躍り出る。意識という水面上では見えない成熟が無意識界という水面下において進んでいて、好機に恵まれると、外へとび出してくる。アイディアよ出てこい、アイディアよ出てこい、とばかり、たえず追い廻しているとかえって、ろくでもない考えばかりひっかかる。

考えの種子はしばらくそっと寝かせておくのである。その間に種子は精神の土壌の中で爆発的発芽の瞬間を準備する。中間のプロセスがはっきりしないだけに、そしてあらわれるときの状態が中途半端なものではなく、ほぼ完璧な形をしているだけに、着想はいかにも天来の偶然のように感じられるのである。

セレンディピティー

机に向って仕事をしているときではなく、バスに乗っていたり、玉を突いたり、散歩したり、といったように何かほかのことをしているときに、いい考えが浮ぶ。三上もまさにそれだ。いかにも偶然に見える。努力だけではどうにもならない、運がものをいうという気持になるのも無理からぬことで、ロザリオをもってマリア様にお祈りをするという縁起のひとつもかついでみたくなるのが人情だ。

この偶然のことをセレンディピティーというのである。これは、科学者には親しまれている日常語のひとつといってよい。昔、セイロンに三人の王子がいて、思いがけないものを掘り出す名人であった。かれらが当面さがしているものではない別のすばらしいものをさがし当てるということを筋にした童話があった。それが十八世紀のイギリスで、「セレンディップの三人の王子」と呼ばれた。セレンディップとはセイロン、いまのスリランカのもとの名。

ホレス・ウォルポールというイギリスの小説家が、この童話をもとにして、セレンディピティー（serendipity）という語を造り、偶然に思いがけない発見をすることの意味に使った。一七五四年一月二十八日、友人あての手紙の中で、はじめてこれを用いたという。

われわれもこれと似たことを日常しばしば経験する。文鎮をさがしているのに中々出てこない。ところが前にさがしてどうしても見つからなかった古い万年筆が出てくるとか、本をさがしていたら、思いもかけず、大事な手紙が出てくる、といったのがそれだ。

どうして、さがしているものが出てこないで、さがしていないものが発見されるのか。精神を緊張させることがときにその活動をにぶらせる結果になるのかもしれない。事をなすには精神の集中は欠かすことができない。それはその通りだが、しかし、心を固くすると、自然なときには見えているものまで見えなくなってしまっていることもありうる。

ひとつのものを追究していると、心の目は一定の方向に釘づけされ、いつしか惰性によって見ているだけということになるかもしれない。見れども見えず、と同じである。対象とするものごとよりもむしろ、視野の周辺にあるものの方が新鮮に見える。したがって、おもしろい見方ができることにもなろう。

セレンディピティーは、しばられた関心や注意が発見に適していないのに、自由に動くことのできる精神は、成心をもって臨んでいるときは形にならなかったものまでも、形として見ることができるようになることを教えている。つまり、緊張部分をもちながら力を抜いたところもある精神によって創造は行なわれるもののようである。完全にはりつめた意識よりも、むしろ、半ば放心の状態にあって何気なく見たときに見えるものが秘められた事物の姿というわけなのであろうか。朝目をさましたときの精神も、セレンディピティーをおこすのに適していると考えられる。とにかくナマの関心ではまずいらしい。ものごとを寝かせて、半ば関心の力を殺したとき、無意識がもっとも奔放に働く。

ホワイトもさきの文章の末尾のところで、関心の範囲はなるべく広い方が望ましい。〝あまり極端な専門主義はアイディアの不毛を招く〟とのべているが、狭いところだけをつついていると、岡目《おかめ》八目《はちもく》の効果を出す余地がなくなってしまい、対象は〝見つめられた鍋〟になって、なかなか〝煮えない〟。何かやってうまくいかなかったらいい加減でそれをひとまずお預けにする。そしておもしろそうなことを何かやってみる。その間に、はじめやっていたことは路傍の花のように見える、いいかえると、セレンディピティーをおこしやすい位置に見える。しばらくしたら、また帰ってきてもう一度試みてみると、こんどは案外すらすら進む。そういうことがあるものだ。

これはしばらく風を入れていたことになる。寝させていたのである。ウィラ・キャザーというアメリカの女流小説家が「ひとつでは多すぎる。ひとつだけではそれがすべてを独占してしまう」ということばを残している。彼女のいったのは恋愛のことで、恋人がひとりだとものが見えなくなってしまって危険だという指摘だが、このひとつをひとつだけの関心と読みかえてみるのもおもしろい。

考えようとすることも〝ひとつでは多すぎる。ひとつだけではそれがすべてを独占してしまう〟ために、不毛になる。人間は好むと好まざるとにかかわらず、じつにさまざまなことをしなくてはならないように運命づけられている。その点で機械とはまったく違う。これは、思えば幸いなことである。

近代の人間は有能な専門機械のように、ごく狭い範囲の仕事にだけ高度の能力をもつことを理想にしてきたために、大らかな創造の喜びを知ることがすくなくなってしまった。普通の生活をしていれば、セレンディピティーのようなことは毎日のように起る。それをわれわれは何気なく〝ふとおもしろいことを思い付いた〟などといって見のがしているが、思い付きはもっと大事にされなくてはならない。発見を心がけている人たちが、いつあらわれてくるとも知れないインスピレーションのために常住座臥、紙片を用意しているという心がまえに見倣うところがあってよい。

考えるには、あまり、勤勉でありすぎるのもよくない。ときどきなまける必要があるらしい。その空白と見える時間の間に、ナマな思考が熟して醱酵が準備されるのである。どんな忙しい人間でも、夜は必ず寝るが、この休息こそ創造的思考にとっても、もっとも重要な苗床となる。すべてを忘れて眠っているようであるが、そのじつは意志の力ではどうにもならない超随意的な思考が進められているらしい。

人間は眠りながらも考えているのだ。

4 比喩

大きな犬

われわれがどうして言葉を覚えるようになったのか。まだ、これがよくわかっていないらしい。それでも、とにかくすべての子供がきわめて短期間のうちに母国語を身につける。

この学習は普通の意味での習得とはすこし意味合いが違うように思われる。というのもまったくほかに何も知らないで、つまり、いっさいの手段をもたないで新しい体系を獲得していくからである。それはむしろ発見、創造と呼んだ方がふさわしい。

言葉を知らない幼児が毎日のように犬を見ているとする。モノは見ていて知っているが、名前、イヌという語は知らない。犬のあらわれるたびにまわりのものがイヌという言葉を発するから、犬というモノと関係があるだろうと察しをつける。しかし、イヌがかならず犬のことであるという保証を幼児はもっていない。

くりかえしイヌという語が特定の小動物に対して用いられていると、両者の関係は疑う余地のないものになる。その犬があらわれるとイヌという語が自然に出る。イヌという語をきくといつも見ている犬を思い浮べる。モノとコトバとの間に一対一の対応が成立するようになる。ひとつの語がひとつの対象を指示するのであるから、これは固有名詞のようなものである。いつも見ている白い犬にしか適用できないように思っている。

ところが、そこへ黒犬があらわれたとする。イヌという語は知っていても、それは白犬のことである。黒犬を呼ぶ名はまだ知らない。しかるに、まわりの人たちは、何と、これをもイヌと呼ぶ。いったいどうしたことか、などとは幼児は考えないだろうが、ある心理的葛藤は経験するに違いあるまい。

その子供にはまだイヌは白犬ということになっている。これを黒犬に転用するのはいわば比喩的使用である。この転用に成功すれば、あとはいかなる犬もイヌという語で呼ぶことができるようになる。はじめ固有名詞的であったものが、普通名詞に変わるのである。もし変わることができなければ、犬の種類、数だけの違った語が必要になってしまう。ごく限られた数の言葉でわれわれの世界にあるすべてのことを曲りなりにも表現できるのは、この固有名詞から普通名詞への転換が行なわれているからである。

世の中にまったく同じ犬は二ひきはいないのに、それらを同じイヌという語であらわす。複数という考え方が可能なのは、言葉を比喩的に使っているからである。

白犬だけかと思ったら黒犬もイヌ、赤犬もイヌであると知った子供は、比喩に大胆になって、豚を見て大きなイヌと呼ぶかもしれない。しかし、これはただちに訂正されるから、比喩的転用が無制限にできるものではないことを思い知る。こういう試行錯誤をくりかえしているうちに言語感覚は身につくのであろう。

いずれにしても、言葉の習得のもっとも早い時期において、ひとつの事柄をあらわすための表現、あるいは、そういう表現と思っているものを、類似、同類のものへ応用、転用することがきわめて活発に行なわれているらしいのは注目に値いする。比喩らしくない比喩がさかんに用いられていることになる。

比喩というのは、どうも、言葉をあまりよく知らないときの方法のようだ。豚という語を知っていれば苦労しない。知らないから、知っているイヌで間に合わせようとして、大きくて肥ったイヌという比喩を使おうとする。豚という語があるから、この比喩は承認されないで誤りになる。確立した名前がなければ、同じような比喩が正式の名前として通用する。

戦後、正体のはっきりしない飛行物体を見たという人が次々にあらわれて話題になったが、これにはもちろん名前がない。名前がなくては不便である。それで〝空飛ぶ円盤〟という名前をつけた。円盤投げという競技もあって円盤が飛ぶのは当り前といえば当り前である。あまり気のきいた比喩ではないが、それでもないよりはましだから広まった。実体は、豚を大きな犬というのとあまり違うところはない。

たいていの新しい事象にはそれを呼ぶ名前すらないのが普通で、その命名には比喩がもっとも便利である。幼児のときに覚えた比喩的言語の能力は大人になるとかなり退化はするものの、なお、かなりよく保持されている。社会全体としても比喩への嗜好はつよい。

戦争が終って、イギリスの一ポンドは一〇八〇円ときめられた。一ポンド買うのに一〇八〇円いる。一ドルは三六〇円であった。これが固定為替相場制といわれるもので、戦後、ずっと続いた。

それが各国通貨の実勢に合わせて変えた方がよいということになって、変動為替相場制が始まった。切り替えになった当初、一ドルは二六五円あたり、一ポンドは四九〇円前後を上下するところから始まった。これにわが国では〝変動為替〟などと固い用語を使っているが、英語ではfloat（浮動する）という語を比喩で用いる。名詞でもフロートを使う。イギリスの新聞「ガーディアン」が一九六五年はじめて使ったのがたちまち広まったもの。簡単な呼び名がないときにそれをつけるのはりっぱな創造だが、二つの通貨の交換比率が小浮動するのを水に浮びただよう形でとらえたところがミソ（この浮動という語にしても、もとは比喩である）。

綽名の創造性

幼児にとって比喩は既知から未知へ飛躍する翼のようなものである。子供が大人に比べておもしろい詩的表現にすぐれているのも、言葉を知らないからやむなく、あり合わせの語を使って言いあらわそうとする、それがたくまずして、詩的比喩に近いものになるのだ。

綽名《あだな》をつけるのも比喩作用によることが多い。だれでもはじめから綽名があるのではない。新しい命名をしようとしてまず発動するのが比喩本能である。黒ブチの眼鏡をかけているから、トンボだというのは、外形的比喩ともいうべきものである。見た目の印象が基本になっている。それに対して、無形の比喩ともいうべきものがあって、関係の類似による命名を行なう。たとえば、ナフタリン。ナフタリンは虫が好かない。したがって、いやな奴をナフタリンと呼ぶというようなのがそれである。

おもしろい綽名はかなり創造性を秘めているように思われる。さらに注意すべきは、その命名にかなり普遍性のあることである。偶然についた綽名であっても、いかにもうまくつけたと感心することがすくなくない。あまりうれしくない綽名を頂戴した先生が転勤して、こんどはもうすこしましなものにしてほしいと思っていても、いざつけられてみると、前のとほとんど同じだということがよくあるという。綽名命名の基礎には相当はっきりした共通要素があるに違いない。

綽名など問題にならないと考えられやすいが、綽名もつけられないような頭は、新しい発見などおぼつかないということもできる。子供は綽名をつける名人だが、それだけ創造性が豊かだということになるかもしれない。大人にはスペードをスペードと呼ぶ散文的言語の使用が多い。詩人は子供の心を失わずに、ものごとを新しい綽名で呼ぶ能力にめぐまれた精神の持ち主だと考えることもできる。

子供のときに活発におこる比喩的言語の使用は、人類の歴史の幼児期においても見られるはずである。個体発生と系統発生のパラレリズムはここでも妥当するように思われる。どこの国の言語でも古い時代には比喩的表現が多い。ひとつの事物をひとつの比喩語で表現するといった小規模なものではなくて、説話全体が比喩的性格のものであることもすくなくない。寓話とかアレゴリーといわれるジャンルがそれである。神話には、文字通りに解することができない多くの物語が含まれているものだ。

やはり、言語表現の手段が限られており、分析の方法が未発達である段階では広義の比喩が、認識と表現の第一原理にならなくてはならないことを物語っている。言語が整備されて、〝あるがまま〟を表現するリアリズムが尊重されるようになると、直観的で雑駁なところをもっている比喩が敬遠されるようになる。子供のとき詩的な表現をしていたのが、大人になると、なまじ細かい表現を知っているために、感動もなく言葉を使う散文しか書けなくなってしまうのに通じる。

〝時の流れ〟という言葉の〝流れ〟はやかましくいえば、比喩であるが、いまこれを比喩と感じる人はあるまい。〝年上、年下〟もやはり、より多く年をとっているかどうかを空間の上下関係であらわそうとしたもので、りっぱに比喩である。だいたい、年齢といった抽象的なことをあらわすのはかなり困難だから、何らかの比喩を用いるほかはない。年長、年少というのも同じく比喩的である。

長さの単位、尺は、もと、手首からひじまでの長さである。これを単位の名にしたのは明らかに比喩だが、だれも比喩であるとは思わずに使っている。英語の長さの単位フィート（feet > foot）は、足の長さにもとづくものであることは語形からしてもはっきりしているが、たとえば、身長七フィートというとき、足の長さではかってという原義を頭に浮べる人はまず皆無であろう。

こういう比喩は比喩であって、いまはもう比喩ではない。死んだ比喩（こういういい方そのものが比喩的だが）である。いかなる言語もこういう死せる比喩表現をおびただしくもっているもので、それなくしては言語は成立しないといってもよい。そういう言語を使っているのは、日々、比喩と意識しないで比喩に触れ、比喩作用をかすかに刺戟されていることになる。しかし、それを当り前と思い込んでしまうために、われわれにとってもっとも根源的な創造のエネルギーを、ともすれば浪費してしまいがちである。もっと、死んだ比喩に驚き、死んでいるものをもとへ蘇生させようとしてみる必要がある。

創造的比喩

〝人生は舞台だ、人間は役者だ〟(『マクベス』中のせりふ)は詩的比喩であって、死んだ比喩とは区別される。遠いものを結び合わせて互いの中に潜在する類似に気づかせるのが想像力であるが、比喩は想像力のもっとも具体的な表出である。

すぐれた比喩は思考を節約する。一閃全貌《いっせんぜんぼう》をとらえる。こまかいところはとにかく、全体を把握するのに、これほど有効な方法はすくないように思われる。それであるのに、これまで、比喩といえば修辞学の技法のひとつに過ぎないと見すごされてきたのは不思議である。認識や創造の基本として見直されなければならないだろう。われわれは、どこでも比喩が大切だということを教わらなかったように思う。そのために、新しいことを考えても、それに適切な名前をつけることができないで、もやもやしたままでいる。考えてはいるのだが、明確な形をとらないでいるのは、多くの場合、言語的処理に問題がある。

名前がつけられれば、たちまち、はっきりすることが案外すくなくない。思考についても同じことがいえる。おもしろい名前をつけると問題そのものがおもしろく思われてくる。子供が綽名をつけるのと、新しい思考にしかるべき命名を行なうのと、あまり違うところがない。

詩的比喩は創造的比喩のごく一部でしかない。それを比喩の大本であるように考えるのは誤解である。むしろ、われわれがものを考えるに当っての方法としての比喩にこそ着目すべきだと考えられる。

〝淋しさ〟という感情がある。親しい人が遠くへ去ったとき、だれしも淋しいと感じる。どうして淋しいのだろうか、と考えたとする。哲学的に考察することもできよう。心理学の説明も可能である。生理学的な根拠をさぐることもできるに違いない。そういう知識が不幸にしてないし、得る見込みも薄いところで、何とかして〝淋しさ〟を解明したいと考えた、とする。あれこれ思いめぐらしているうちに、急停車した乗物の中の乗客を連想したとしよう。それがヒントになって〝淋しさ〟とは感情における慣性の法則による不在感の現象と規定すると、何だか安心できる。

親しい人との連帯は走っている乗物に乗っているようなものだ。それが急に相手がいなくなれば、急停車したようなショックを覚える。いたときのことが思い出されて気持だけ前のめりになる。慣性の作用を受けるのに似ている。こういう考え方がまさに比喩である。

背後に、人間の経験には共通するものが存在するという考え方がある。物理の世界に起っていることは、心理の次元でも起っている。一方で妥当することは他方でもいえるのだと想定する。はっきりそう自覚しなくても、比喩が可能になるということは、そういう前提に立っていることになる。

われわれの頭の中には比較的限られた数の認識上の原型のパターンがあるらしい。新しい事象があらわれて、どう考えてよいかわからないとき、それらのパターン群を操作して何とか理解しようとする。同型パターンがたまたまあってそれを思い付くということもあろうし、既成のパターンでは間に合わないときは逆に対象をそのパターンに合わせて截断《せつだん》することもないとはいえない。

どういう原型が有力であるかによって、その人の比喩の性格が決定づけられる。

三つ子の魂というが、この原型はごく幼いときに身につけたものがもっとも強力に作用する。シェイクスピアの作品の中にあらわれる犬は、たいてい好ましくない人間の比喩に用いられている。あまり犬が好きでなかったのだろうという研究がある。幼児期の経験が犬に対して偏見をもたせたのかもしれない。シェイクスピア自身おそらく自覚しないで、犬の比喩を使っていたであろうが、一般に、比喩からその人間の心の中にある原型的世界をつきとめることができる。

成長してからつよい関心をもったこともまた思考の原型になる。T・S・エリオットが、詩の創造を、触媒作用という化学反応で説明して人々をおどろかせたことがあるが、彼に限らず、二十世紀初期の西欧の文学者には化学を思考のパターンにしている例はすくなくない。時代の傾向だったのだろうか。その類推で精神や文化の現象を説明しようとする。はっきりしない事柄があると、それを受け容れてくれそうな原型をあれこれ擬して、近似的符合が得られると、それで割切ってしまう。おもしろいかわりに、よく考えていくと小さな矛盾が出てくることもある。

そういうことはもっと日常の生活でも起っている。ゴルフに凝っている人は、ゴルフの比喩をよく使う。将棋に心得のない人も「待ったなし」を使う。もとは比喩である。もし、個人の使う比喩からその生活の背景をさぐりうるのなら、ある時代に愛用された比喩群からその時代の世相を一部浮び上らせることもできるはずである。

時代によって、新しい比喩が続々生まれる時代もあれば、それが比較的すくないときもある。近いところで印象的だったのは、戦時中にいろいろな生活的な比喩の新語が登場したことである。〝闇市〟〝からす部隊〟（炭の買い出し集団）〝たけのこ生活〟（着物を売って食べものに替える暮し）など、秀逸なものがすくなくない。きびしい社会情勢がかえって言語的創造を刺戟するのかもしれない。比喩が活発な精神活動を象徴するのはまず間違いのないところである。

朝飯前

新しいことに触れると、よく前に、どこかで似たものに出会ったことがあるような気がする。考えてみたらまったく別のことだが、どことなく通じるところがあるから、連想したのだとわかる。

〝思いつく〟というのは、そういう同形性をとらえて、一見別々のものを結びつけることだから、比喩の中にふくめてよい。頭が固くなっているときには、よい〝思いつき〟が得られない。子供の考えがすぐれているのも、固定観念から自由であるためであろう。

ものごとには名前が必要である。名をつけるのも、比喩作用による綽名に象徴されるように高度に創造的な営みである。ところが、できてしまった名前はこんどはほかの命名を拒む傾向がある。すべてに名前がついていれば比喩の必要はなくなる。大人の生きている世界ではすべてではないが、大部分のものに名がついている。それだけ比喩作用の発動の機会もすくない。それがとりもなおさず、創造性の衰退につながる。

比喩を活発に行ない、創造性を高めるにはものをあまり知らない方がいいという逆説に追い込まれる。もの知りは発見のチャンスに恵まれることがすくない。無知なものにとってはすべてが謎で解決を迫っている。宗教が謙虚を大徳と考えるのも、そういう人間には発見の可能性が大きく神秘にも参入しやすいからであろう。反対に、傲慢が大罪となるのも、自信過剰では精神が枯渇しやすいことを洞察したのに違いない。

童心が理想である。知識をもちながら童心に近づくことができれば、創造的比喩はいくらでも生まれるはずである。

一日を人生の一生と考えてみると、朝のうちは幼年期、昼は壮年期、夜は老年期になる。比喩などのおもしろいものが生まれるのが、よけいな知識に妨げられない状態であるとすれば、老人的夜間より、幼年期の朝の方が適していると考えてよかろう。

学生や知識人の間には夜間信仰ともいうべきものがあって、宵っ張りの朝寝坊でないと、勉強しているような気がしないという人がすくなくない。徹夜で仕事をしたというと大したことのように思うが、朝五時におきて本を読んだといってもさほど感心されない。

一夜眠って、きれいに洗われた頭は、けがれを知ることのすくない幼児に似ている。朝は創造的思考に適する。すばらしい比喩の生まれやすい時間である。そこでの寸陰こそ大切にしなくてはならない。

ところが、多くの人たちが電灯の下でくだらぬ本やテレビを見て夜ふかしをし、したがって朝寝をする。起きたときはもうすでに遅刻しそうである。とるものもとりあえず、食事もそこそこに駆け出す。こういうことで一日のうちの頭のいちばん条件のよい時間を台なしにしてしまう。まことに惜しい。

早起きをしろといってみても、急に早起きできるわけがない。早く起きられなかったらせめて朝食を抜くことだ。起き抜けに食事をするのはよほど胃の頑健な人だろう。実際、朝大食する人は概して健康である。

いくら、丈夫な人でも胃袋に食べものを詰め込めば、消化しなくてはならない。それには血液がいるから、胃のまわりに血が召集されて、ほかはお留守になって、食後は陶然とする。ものなど考えては体に悪い。親が死んでも食休み、という言葉もある。

もし朝食を抜けば、頭の血が胃へ出張することもない。一晩休んで清々しい状態にある。何でも考えられるから、仕事もどんどん進む。朝飯前とはこのことだ。朝食抜きなら、昼食までがずっと朝飯前の能率になる。朝食は肉体労働をする人以外には必要ないように思う。力士ははげしい身体運動をするのにもかかわらず、朝食をとらないで、稽古をする。そのあとでたっぷり昼食をとる。

医者にいわせると、朝何も食べないのは健康に悪いそうだ。すこしくらい悪くてもいい。朝食をとって悪い頭をさらに曇らせるよりも、かりにいくらか害があっても、頭をよい状態におくという大義名分があるのだから、あえて朝食を抜く。体に害がありますよ、とはっきりおどされながら、しかも、大義名分などなくて、何百万という人が煙草をのんでいるのを考えたら、朝飯抜きくらい何でもないことだ。

そうは云うものの、やはり、朝食はとった方がよさそうである。年をとって、そう思うようになった。朝食前の仕事をするには、その分早く起きなくてはならないが、よくしたもので、年をとると、だんだん朝が早くなる。食べても朝食前の時間は長くなるのである。

5　すばらしきかな雑談

月光会の華麗なる談笑

ジョゼフ・プリーストリーといえば、酸素の発見者として知られる十八世紀の大化学者であるが、「私の学問上の仕事は大半、例の会で仲間から受けた励ましのおかげでできたようなものだ」と述懐した。

〝例の会〟とはその名を月光会（ルーナー・ソサエティー）といい、月一回、満月の晩に集った会合のことである。ときに一七七〇年代、満月の夜を選んだわけは月夜なら帰り道もいくらか安心だろうという理由による。遠くの人は単身馬に乗ってやって来た。月の夜、馬に乗ってきて、談論風発のひとときをすごすと、また馬に乗って帰る。いかにも風流であるが、月光会の存在は人目には風狂の極と映ったらしく、人呼んでキ印会（ルーナティックス）。古くは月光を浴びると気が変になるとされており、月が満ちるにつれていよいよ狂気が高じると信じられていたことを考えると、月光会はキ印の条件を充足させている。ところが、この会合がイギリスの近代文明に大きな足跡を残すことになった。

前記プリーストリーのほか、蒸気機関で有名なジェイムズ・ワット、そのエンジンを実際にこしらえたマシュー・ボールトン、ガス燈の発明者ウィリアム・マードック、印刷業者バスカヴィル、天文学者のウィリアム・ハーシェル卿などが常連であったが、中心的存在はエラズマス・ダーウィンである。この人は進化論のチャールズ・ダーウィンの祖父に当り、医者を業としたが、哲学を好み詩文をよくした。余業にうつつを抜かすヤブ医者ではなく、風変わりではあるが腕はよく、全英随一の名医とうたわれた。国王ジョージ三世から侍医にと請われたのを「ひとりだけ診るのは退屈だ」と言って断わっている。

月光会の会場はメンバーがもちまわりで自宅をあてた。畑違いの人たちの集まりで、話題はまったく自由、だれが何を論じてもよかった。ワットが音楽論をやれば、ダーウィンは機械工学についての〝卓見〟を吐くといった調子である。プリーストリーは宗教を語って著名なクウェーカー教徒サミュエル・ゴールトンと渡り合ったり、語学教育改善案を提出したりした。『学校英文法基礎』という著書まである。

そういう談笑の間から歴史を変えるほどの大きな業績がつぎつぎ生まれたのは、

世の中が良かっただけではあるまい。創造には、こういう自由な空気がもっとも有効なのはいつの時代でも変わりがないように思われる。

二十世紀になって、学際的ということがいわれる。インターディシプリナリー(interdisciplinary)の訳語であるが、専門の垣根を取り払って、専門と専門が対話することをねらっている。近代科学は専門分化によって進歩してきたが、その間に隣接部門との会話を忘れてしまった。月光会は学問がまだ隣は何をする人ぞ、ということにならない前の自然の学際状況をあらわしている。現代の学際への志向は、ばらばらになったものをもう一度統合しようという方法上の努力である。方法論が学問同士を対話させようとしても、人間と人間に血の通った会話がなければ本当におもしろい仕事は生まれないのではないか。学者がめいめい違った言葉を話し合っていることが多い現状では、組織としての学際は可能であっても、精神としての学際はそれほど容易に実現しないであろう。

月光会はおそらく望みうる最上の学際的精神風土を提供していたと想像される。しかし、別に難しく考えることもないのである。エラズマス・ダーウィンが月光会を主宰していたころ、ロンドンでは文豪ドクター・ジョンソンが中心になって旗亭「タークス・ヘッド」でやはり談論を風発させていた。

このグループははじめ、ただ「クラブ」といったが、やがて「文芸クラブ」を名乗るようになる。毎週「タークス・ヘッド」に集まって、いいたい放題のことを話した。常連の顔ぶれは、名演説家として史上に輝くエドマンド・バーク、肖像画家ジョシュア・レノルズ卿、小説家オリヴァ・ゴールドスミス、大歴史家エドワード・ギボン、名優デイヴィッド・ギャリックたちであった。それぞれ目ざましい業績を残している。それがすべて「文芸クラブ」の影響であるとすることはできないにしても、会員の伝記にこのクラブの会員であることがそれぞれ大きく扱われているのを見ても、その談論がいかに重要なものであったかが察せられる。

十八世紀のイギリスは談論の時代であったように思われる。親しいものが集まってはスモール・トーク（世間話）を楽しんだ。たまり場はコーヒー店である。首都ロンドンにはコーヒー店が続々とできて、十八世紀初めにはその数三千に達した。文学、政治、時事問題などあらゆることが論じられた。さきのドクター・ジョンソンなどもコーヒー店談義を楽しんでいる。

コーヒー店が庶民的であるとすれば、クラブはどちらかというと貴族的である。社交的な目的で結ばれた人たちの組織がクラブで、はじめはコーヒー店などで会していたが、しだいに入会資格がやかましくなって自前の建物をもつまでになった。しかし、コーヒー店と高級クラブとを問わず、自由に会話できる喜びを味わえるのは共通している。

これらが近代英国の発展のエネルギーを創り出していたと考えるのは、あながち荒唐無稽ではない。

雑談の効用

大西洋を越えてアメリカに渡ると、ハーヴァード大学にも月光会に似たものが見られる。もっとも、先年、建国二百年を祝っている若い国だから、十八世紀にさかのぼることはできない相談である。

二十世紀早々の一九〇九年、ハーヴァードの総長に就任したロレンス・ローウェルは、この大学が充分な成果をあげていないのを遺憾に思った。何とかして世界的学者を輩出させたいと考えたローウェル総長は特別研究生（フェロー）の会をつくる。伝えられるところによると、毎週一度、選ばれたフェローが昼食会を共にした。そこでめいめいが専門のこと、専門外のことを語り合う。これがたいへんすぐれた効果をもったらしく、総長の夢をかなえる学者が続々と巣立って、ハーヴァードの名を世界にひびかせた。

専門の違ったものが、社交的なあるいは同志的な空気の中で語り合うことがどんなに創造的なものであるか、頭のかたい人間の想像を越えるものがある。

もっとも、同じ分野の学者が集ってもすばらしい成果をおさめている例もないわけではない。ロゲルギストというと、かつては、どこの国の人かといぶかる向きもあったが、いまでは知る人ぞ知る日本人物理学者のグループである。毎月例会を開いていることは月光会のごとくであり、メンバーの家をもちまわりで会場にしている点も同じである。近角聡信、磯部孝、近藤正夫、木下是雄、高橋秀俊、大川章哉、今井功の七人がロゲルギストで、一九五九年二月以来、雑誌「自然」にロゲルギスト・エッセイを毎月発表している。それをまとめた本が『物理の散歩道』として出版されすでに七冊になる。このエッセーが一般読者にも好評であるのは、すぐれた意味での雑談のたのしさをたたえているからであろう。

私も一度その雰囲気の一端にふれる機会にめぐまれたが、月光会のことを連想しないではいられなかった。そのエッセーの発想がダイアローグ的、つまり、多元的、複眼的で、読むものに不思議な刺戟を与えるのである。私にはロゲルギストの存在にとくにつよい関心をもつ理由があった。個人的に存じ上げている物理学者がメンバーにいるということのほかに、私自身いくらか似た性格の会に属しているからである。

学校を出てすぐ勤めた学校が、むやみと忙しい。これではダメになってしまうとあせった。まわりがみんな俗物のように見えたが、あとで考えれば、それは若者の不遜な独断であったようである。とにかく、やがて何となく気の合う同僚ができて〝勉強〟の話をしようではないか、ということになった。

ひとりは国文学の鈴木一雄君、もうひとりは中国文学の鈴木修次君で、英文学の外山と合わせて三人。和漢洋三才だなどと冗談をいいながら、〝三人会〟なるものを始めた。昭和三十年ごろである。手許にある記録によると、スピーカーをきめて本格的に会をするようになったのは昭和三十一年正月からで、鈴木修次が中国文学史について話をした。同年五月に外山が英文学史の問題という話をしている。同じく八月には鈴木一雄が「堤中納言の問題点」を論じた。

一応スピーカーが話をしはするものの、あとは脱線した質問が相ついでとんでもない話題に飛んでいって時間を忘れる。それが何とも言えずたのしいのである。ぜひまた近いうちに集まろうではないかといって別れるのだが、空いている日がうまく合わなかったりして、さきへさきへとのびがちになった。もっと規則的に会合すべきだったといまにして後悔する。

会場はやはり三人の家をもちまわりであてることにした。ときには朝の十時ごろから夜の十時までぶっつづけにしゃべり合って、たんのうしたこともある。それまではっきりした形をとらなかった考えが、ここへ持ち出してみて、二人からはげまされると、急にふくらんでいくのが自分でもわかる。いったいに、おもしろい考えはどうもはにかみやらしく、なかなか顔を見せてくれない。不用意に頭のいい人に批判を仰いだりすれば、霜に会った青菜のようになってしまう。気心の知れた仲間からおもしろいといってもらうと、半分顔をのぞかせる。思いつきを育てるには温かい風が必要なようである。そのことを三人会から身にしみて学びとることができたのは幸福であった。われわれ三人の書いたものの中には、会での雑談がいろいろな形であらわれているようだ。それほど勉強らしい勉強とは思っていなかったが、こんなに実り多き勉強はほかになかったかもしれない。

「手前」封じ

外国語を話すことの上手な人はどうか知らないが、まわりに日本人がいるとどうも話しにくい。ことに知っている人がいるとよけいうまくいかない。外国人の中へひとり放り込まれた方がどれくらい気が楽でしゃべりやすいか知れない。これはどういうことであろうか。知った顔があった方が心強くてよさそうなものなのに、逆なのである。

考えてみるに、思惑を気にするからであろう。友人の「手前」あまり変なことを話してはみっともない、笑われやしないか、と気をまわすから、重い口がいっそう動かなくなってしまう。外国語の会話だけではない。日本語で話をするときでも、まったく知らない人達が相手のときは自分でも何とかまあまあと思うこともないではない。別に旅の恥はかきすて、というつもりはないが、知った人がいないことほど気楽なことはなく、気を楽にもつとうまくいくものなのである。

ところが、思いもかけず知人があらわれて、これからお話を伺わせていただく、などと挨拶されると、とたんに調子が変になってしまう。そういう人が最前列に陣取っていたりすると、ことにやりにくい。

オリンピックで日本選手の成績がパッとしないというので、よく強化策が話題になるが、いちばんいけないのは日の丸をもってかけつける応援である。できない相談なのはわかり切っているが、オリンピックへ選手以外の日本人は行かないように、選手も自分の出場する試合以外のところへは顔を出さないようにすれば、選手はリラックスしてもてる力を存分に発揮することができるだろう。なまじ知った人間がいるために、知らなくても日本人の応援があるために、勝たなくてはと固くなって逆に負けてしまう。日本人にはこの「手前」の思惑がことにいけないようだ。

木と木が近接して立っていると互いに存分に枝を伸ばすことが難しい。離してやらないと大木は育たない。同類が近くにいることは便利なことよりも、むしろ不都合なことの方が多い。同じことをしている人間が集まるのは、ライヴァルの前で自信のない外国語をしゃべったり、試合をしたりするようなものである。形にはあらわれないかもしれないが固くなってしまう。思いつきも出にくくなる。同業のもの同士ではどうしても話が細かくなって、つまらない。お互いが違ったことをしている人間だと、気軽に思ったことがいえる。談論をたのしむには同業者がいない方がいい。

この点でいつも感心しているのはロータリー・クラブの組織である。くわしいことは知らないが、同一支部には一業一人しか加われないというルールがあるらしい。同業者が複数いると、利害がからんで純粋な親睦をはかるのが困難になるばかりでなく、話し合う内容も同業者を遠慮しておもしろいものより慎重なものになる傾向をおびる。それでは会は発展しない。一業一人と限ったのはさすがである(ちなみに、会合の場所を次々たらいまわしにするところから、回転を意味するロータリーと称するようになった、といわれる。クラブ的会合では会場のもちまわりは、もっとも原始的な形式なのであろう)。

いま大学は同じ専攻の研究者を同じところに所属させる組織の上に立っている。これは研究者にとって不幸なことであるといえるかもしれない。大学紛争のとき、駆り出された教師たちが、たまり場で時間つぶしに話し合っているうちに、思いがけない知的交流が始まったという例がすくなくない。さきにあげたハーヴァードの特別研究生の会も、そういう場所を提供するだけで大きな成果をあげたのであろうと想像される。

やっていることの違う人間が集まって話すことは、それ自体にすぐれた価値があるとは限らない。だいいち聞いている側にもよくわかっていない耳学問になることが多い。それでいて、じつにたのしく新しい発見や創造につながるのは不思議というほかはない。

ひとりで考えていてどうにも手がかりのつかめなかったことが、放談気味に話しているときに口をついて出てきて、自分でもびっくりするということもすくなくない。その場の空気が引き出してくれるのだ。

ロゲルギストは同じ専門の学者が集まってしかも、すばらしい成果をあげている例だが、メンバーはよほど心の広い人たちであるに違いない。よほどつよくて温かい友情に結ばれているに相違ない。だから、一概に顔見知りがいない方がよいともいい切れないけれども、知的な会話はなるべくなら、畑違いの人間が集まってする方が実りは多いように思われる。たとえその成果が仕事の形をとらなくても人生の色どりを変えるほどの影響をもつのが、こういう仲間との交遊である。

改まって何々会などといったものはなくても、そのつもりになれば、こういう異質触媒はいくらでも可能である。一期一会のめぐり会いもわれわれのうちに眠っているものを引き出してくれる限りにおいて、きわめて創造的である。編集者とおしゃべりをしていると、妙に仕事への意欲が高まるのも、すこし離れたところにいる善意の仲間を見出して、われわれの精神が創造的に動き始めるからであろうか。エディターはしばしば自覚されない間接創造者である。

コモンセンス

アメリカで一時さかんにいわれたブレイン・ストーミングは自然なクラブ的雑談に代ってアイディアを得るためのチームをこしらえる技法で、いくらか殺風景であるかわりに能率はいい。わが国でもブレイン・ストーミングですぐれた成果をあげた例がいくつも報告されている。

そのブレイン・ストーミングのルールのひとつに、ほかの人の提出するアイディアがたとえどんなに陳腐なものであっても、決してつまらないなどといってはいけない、というのがある。これはチームがおもしろい考えに到達するのに不可欠の心得なのである。おもしろいと思ったものを他人からケチをつけられると、急に臆病になってしまい、それからはアイディアが殻の中へとじこもって出てこなくなる。

もう一歩進んだことが考えられる。ただ水をかけるような言葉を吐かないだけでなく感心したり、はげましたりするようになれば、いっそうクリエイティヴになるのではなかろうか。聞き手の反応はばかにならない。黙って聞いている講演の聴衆でさえ、なんとなく手ごたえがあって、考えがつぎつぎ浮んでくることもあれば、逆に自分ながらつまらなくなっていくのがわかってもどうしようもない冷たい風を送ってよこす会場もある。まして、談笑の間では、相手がどう受け取ってくれるかは決定的に重要である。

ここでも相手が畑違いのシロウトで、こちらのいっていることを批判する知識もなく、感心する側にまわる方が多いというのが好都合なのである。珍しいことを聞けばおもしろいから膝を乗り出して聞く。話す方では話し甲斐ができて調子に乗ってどんどんしゃべる。そのはずみに思いもかけなかったことがひょっと出てないともかぎらない。それを聞いてまわりがさらに興味をもち、すばらしいといってはげますとき、知的会話は最高度に感動的なものになる。心掛ければそういう場をつくるのはそれほど困難ではないはずだが、実際になかなかそういう好運にめぐまれないのは、ひとつには雑談のたのしさと効用をよく弁えないためではないかと思われる。

近代文化はものごとを細分化させた。専門に区切ってその範囲内で深化をはかる。異質なものとの触れ合いに欠けて、一般化への展望を失いがちであった。冗談に、コモンセンスに対してセンモンセンスという。ロータリー方式のメンバーによる談論は見失われがちなコモンセンスをよみがえらす。コモンセンスは常識などと訳されたためにすっかり軽んじられてしまっているが、人間のもつ五つの感覚（センス）に共通（コモン）である、という意味をもっているところを考え合わせると、むしろ、勘とか良識とかに近いというべきであろう。

ごく大ざっぱにいうと、ドイツの専門分化による厳密な思考に対して、イギリスの文化は経験にもとづいた素朴さのようなものが特色になっている。それでいて、イギリスからしばしばおどろくべき大発見、大発明が生まれる。コモンセンスのおかげだと見てよい。コモンセンスの哲学が十八世紀のイギリスに生まれたのは偶然ではないような気がする。

われわれ日本人はこれまで、とくに戦前は、どちらかというとドイツ風の観念論に傾いていたように思われるが、コモンセンスが意外に大きな力をもつことに目を向ければ、従来とは違った創造が可能になるかもしれない。コモンセンスは、理屈はともかく、親しい仲間と勝手なことを語り合って、互いに知的感銘を経験している中でおのずから体得できるもののようである。十八世紀はじめ三千軒あったというコーヒー店にはそういう談論の場がすくなくなかったが、現在、東京には二万軒の喫茶店がある。コーヒーをのみながら話の火花を散らしているグループの例のあることも知っているが、多くはあまりに風俗的でありすぎるように思われるが、いかがであろうか。

（二十一世紀になって、それまでは考えもしなかった哲学カフェなるものが生まれた。おもしろい、と思い、広まるのを期待している。）

6 出家的

空気

人間、生きていくにはいろいろうるさいことがある。いちいちそれを気にしていては頭がどうかなってしまう。くよくよものを考える頭でおもしろいことなど考えられるわけがない。頭をよくしようと思ったら、つまらぬことはさっさと忘れることである。そうはいうものの、これがなかなか簡単ではない。

会議がある――このごろどこでも会議というのがやたらにある――終るとたいていへとへとになるが、疲れた頭に残っているものはいくつかの気にかかる言葉である。あいつはどうしてあんなことをいったのか。あれは自分のことを暗に批判したのではあるまいか。あるいは、もっとはっきり攻撃されて深い傷を受けたと思うこともある。よほどの大人物でない限り、それをさっぱり忘れて帰るというのはなかなかできない相談だ。

一晩寝て朝、目をさましたらケロリと忘れていた、というのならいいが、二日酔いのようにまだ脳の裏側に何かがこびりついているようなこともすくなくない。こうなると放ってはおかれない。早く解毒をしないと精神が蝕まれる。いまの世の中は何かとわずらわしいことが多くなっているから、夜眠るだけでは頭の掃除が終らないで翌日にもち越すことになりがちだ。ノイローゼなどという昔は知られなかった病気が流行するわけである。

頭に残っては困るものを掃除するのが睡眠の役目のひとつである。正常なら、たいていそれできれいになるところだが、刺戟が多く、つよすぎると、一晩や二晩寝たくらいでは忘れられない。だいいち夜も眠られないというい方もあるように、はじめから清掃作業が停止してしまうことも起こる。眠られて、どんどんものを忘れられるようだったら、ありがたいことだと思って神に感謝しなくてはならない。

会議のいやなことも毎日あるとは限らない。何とか忘れることができるが、おそろしいのは雰囲気で、これは意識はしないが、四六時中われわれに一定の風を送ってくる。これは逃れることが難しい。人間を訓練するのに、やかましい規則を設けて、それに合致させようとするのはあまり賢明でない。規則の網の目からいくらでも抜け道ができるからである。ある空気をつくっておくと、いかなる場合でもその枠から外れた行動はしにくくなる。

学校などでも、実際の教育もさることながら、校風といったものによる薫陶がなかなか大きな意味をもっている。何年間かそういう雰囲気にひたっていたもの同士には、ある共通の特性が認められて学閥といったものが生まれることになる。われわれは空気からは自由になることは難しい。怖るべきはそういった環境である。

空気の中でもっとも強力なのは家庭であろう。もし、家族の雰囲気にわれわれの心を縛る何かがあれば、眠って忘れても効果がない。翌日も同じ家風という風が吹いている。まわりがわれわれの豹変を許さない。

そういうとき、ある日、感ずるところがあって、断然、新しい生き方をしようと意を決したとしよう。他人はそんなことに関係がないから風馬牛であるが、家族のものには影響が大きい。それは結構ですね、と笑ってばかりいないだろう。善意の干渉がおこる。家族だけでなく親しい友人や勤め先も同じようにわれわれの自由を拘束する。それが社会というものなのである。生きがいもそこから生まれてくるのだが、同時にそれがわれわれの生き方の制約にもなる。

それで、本当に自由になるための最大の障害はもっとも親しい人たちだという悲しいパラドックスが成立する。真に自分の理想を追究するには、生存そのものの条件であるようなもろもろの絆をあえて断ち切らなくてはならなくなる。断ち切る。それが出家である。

自由にものを考えようと思ったら、心の中は出家の状態にあることが望ましい。執着ほど自由な思考を妨げるものはない。

執着と遊び

身近な親しい人たちがわれわれの心の自由を妨げがちなのと同じように、心の中で大切にしている関心事もわれわれの心眼をくもらせる。ゴルフに夢中になっている人にとってはピンポンの球もゴルフのボールに見えるかもしれない。それくらいならたいしたことはないが、ゴルフができそうだというと気に染まない相手でも付き合おうかとなる。また、そこのところの心理を利用してゴルフを営業用にものをいわせようという人たちがあらわれる。

人と話していて、話がたまたまそういった関心事の近くまでくると、どうしてもその方へ話を引っ張っていかないではいられなくなる。勝負が……という言葉が出ただけで、ゴルフ狂には抗しがたいきっかけになる。いったんゴルフ談義になれば、もう止まるところを知らない。ほかのことは眼中になくなってしまう。

執着ということはおそろしい。ものごとにとりつかれたら、ほかは見えなくなってしまう。ものごとがあるがままに見えなくて、心はひとつの焦点に集中して、まわりはゆがんだり、見えなくなったりする。

さきに紹介したアメリカの女流作家ウィラ・キャザーの「ひとつでは多すぎる。ひとつだけではそれがすべてを奪う」ということばも、これにふれている。ここのひとつは恋人のことだが、ひとつに心を奪われると何も見えなくなるのを衝いた言葉である。関心の焦点がひとつしかないのは、つねに危険である。

人間ならだれしもいくつか切実な関心をもたないものはない。社会正義の確立に心を砕くといったものから、自分の専門の研究テーマのようなものもあれば、趣味とか商売とかの現実的なものもある。さらに、家族の健康とか子供の教育がいつも心にかかっているという人もすくなくない。だれでもこういう心をくもらせるような問題をひとつやふたつ、あるいは、もっとたくさんかかえているものだが、人によってそれから受ける作用はさまざまである。

ちょっとしたことが気にかかり出すと、朝から晩までそれが心から離れず、ほかのことは考えられないという人がある。これではものごとをうまく処理できるわけがない。新しいことを考えつくゆとりなど求める方が無理であろう。生まれつきすぐれた頭をもっていても、いちいち小さなことで心の目を覆っているような小心者では聡明さを発揮することは難しい。

気になることがあっても、それはそれとして、しばらく、ほかのことをのんびり考える。あるいは、ほかのことに夢中になって、いやな関心を相殺する。こういう自由をもったときにはじめて人間は人間らしい生き方ができる。

そういう発見が〝遊び〟という無目的、あるいは、超目的の活動から生まれるのだと思われる。子供も遊ぶが、これは本能的な遊びである。大人にも子供と同じような遊びがないわけではないが、それは論外とする。ものごとに悪く執着しないために、あえて仕事をよして心を自由にするのが、大人の遊びである。

そういう遊びに早くから目覚めていたのは、経済的なゆとりをもった商人たちであったと思われる。こういう遊びが結局仕事に大きくプラスになって返ってくるのを知っていたらしい。人間的に幅ができるということだけではなく、商機をとらえる澄んだ洞察力をもつには、日常の雑事、目前の頭の痛い問題をしばし忘れることが、いかに大切であるかを経験から学んで悟っていたに違いない。

芸能人も遊びが芸を深めるという。心が何かにとらわれていては、柳が紅に、花が緑に見えかねない。精神の一部に強力な磁場ができていると、そのまわりのものがすべてそこへ引きつけられて、歪んだ世界をつくりあげる。

引きつけられた関心のあとには空白部ができて、そこでは見ることも考えることもできない。大きな事件などに遭った人間が茫然自失、なにがなんだかわからない状態に陥るのも、事件に注意が集中する結果、それ以外の精神の領域が広範囲にわたってからっぽの状態になることを暗示する。精神もまたしばしば遊びという出家をしなくてはならないようである。暇だから遊ぶというのではなく、むしろ忙しくて心にかかることが多いときにこそ、遊びが必要であるのは、平穏な生活をしている人に出家の必要がないのと同じである。

出家的状況

本当に人生がいやになって、すべてを投げ出して山に籠る〝出家〟を敢行する人が現代においてもまったくいないわけではないが、多くの人はそこまでは踏み切れない。分別がありすぎるのか、勇気に欠けるのかわからないが、とにかく、たいていはがまんして生きていく。

そういう薄志弱行の徒にも手がないわけではない。その気になれば、ひとときの出家的心境を味わうことはいくらでもできる。

自棄酒がある。いやなことがあってくしゃくしゃすると、酒の勢いをかりてでもさっぱりしたいと思う。体によくないといわれる自棄酒だが、それを承知のうえで飲む。飲んだあとの健康の害よりも、飲まずにじっとたえている精神的な害の方が大きければ、小悪につくのは賢明である。

気持を変えようと努力するだけで気分転換ができるのなら苦労はないが、何かをしないとどうにもならないことがある。自棄酒はそのひとつである。もうすこしおだやかな形式としては散歩がある。散歩を運動と思っている人が多いが、体のためばかりではなく、心のためにたいへん効き目がある。ぶらりあてもなく散歩に出るのは、ほんのひとときだが出家の境遇に遊ぶことになる。

散歩の間に新しい着想を得たという例は古来はなはだ多く、思索のために散歩を日課にしている人はすくなくない。適度に体を動かしているうちに結ばれた心も解けて、心眼をくもらせている霧がすこしずつ晴れる。そうすると、ものごとがあるべき所に見え出す。つまり頭がよくなってくる。すぐれた考えが湧いてきても不思議ではない。

散歩をしていて、道行く人のこと、通りの様子などがいちいち気になるのはおもしろくない。余計な刺戟のないことからすれば、夜道の散歩にまさるものはすくないように思われる。心が澄みやすい。

散歩ではないが、満員電車にぎゅうぎゅう詰めになっているのは、体の自由は拘束されているが、心の方はかえってほかにすることもなく自由に遊ぶことができる。たびたび引き合いに出すが、欧陽修が三上を文章を練るのに、もっとも適した場所と考えたのは、やはり理にかなっているというべきであろう。馬上・枕上・厠上の馬上はさしずめいまの電車の中ということになる。ほかの二つ、枕上、厠上にしても、現実を離脱しているという点では一時的には出家的状態にあると考えることができる。

われわれ日本人は風呂好きである。銭湯で手拭を頭にのせて湯船につかり、浪花節をうなるというのは庶民のささやかなぜいたくだが、体がのびのびするにつれて心ものびやかになって、しこりがとれる。つい歌のひとつも出るというわけだが、考えごとをするのにも好ましい状況であるに違いない。

シラクサの哲学者アルキメデスは王から依頼された実験（王冠が純金であるか、細工人によって銀を混入されたかをテストするもの）を考えながら風呂に足を入れると水があふれた。その瞬間にアルキメデスの原理が頭にひらめいた。彼は〝ユーリーカ〟（われ発見せり）を連呼しながら衣服をまとうのも忘れて飛び出して実験にかけつけたといわれる。

ここの入浴はたんなる発見のきっかけになっているというのではなく、あふれる水が物体の体積に等しいことを目のあたりに見て原理をとらえることができた。しかし、風呂に入ろうとしているのんびりした頭だからこそ、何でもない水のオーバーフローから重要なヒントを直観することができたのであろう。

睡眠中に考えあぐねたことが解決するという、それこそ夢のようなことももときどきは起こるらしい。イギリスの小説家ウォルター・スコットが、何か問題があると、〝一晩寝て考えよう。明朝になれば答が出るよ〟といったのも、でたらめに翌朝まで引き延ばすのではなく、眠っているうちに、頭はきれいに掃除ができる。それで自然によい解決が考えられることを知っていたに違いない。

目をさましていても、気分転換さえできれば、まったく違った考え方もできるものだ。それにはタバコを一本吸うというのが効果があることもある。いつか専売公社（現JT）が〝タバコは生活の句読点〟というしゃれたコマーシャルを使ったことがある。ひとつのことをだらだら引きずるように続けないで、新しい句や文を始めるには区切りをつける必要がある。タバコがその役を果すというのである。体に害になるのははっきりしているタバコだが、この意味ではなかなかためになる（このごろタバコは目の敵にされている。体のためには有害であるけれども、頭のためには、やはり、一本のタバコの力は大きい）。

しかし、いちばん手軽な出家の心境は、何もしないでぼんやりしているときに得られるものであろう。いつも仕事をしていないと落ち着かない勤勉な人は優等生にはなれても、新しいものを思いつくといった知的創造には向かない。無為のように見えて、じつはそうではない。忙しい仕事のあるのを喜ぶのは心のとらわれることを求めることになる。遊ぶ必要があるわけだ。

言葉の出家

われわれは環境につよく支配されている。どんなに出家的状況をつくろうとしても、そこで考えるのに使う言葉そのものが、考えてみれば、環境の一種である。かりに家も職も投げうって本当の出家をしたとしても、言葉はかんたんに棄てられない。その言葉が出家以前の生活の残滓をひきずっている。棄てたはずの現実を反映する。それを使うかぎり、心の出家はできなくなるはずだ。身体だけはもろもろの絆を断ち切っても精神は古い文法や論理を用いて働いているのでは不徹底である。古来、この点に留意したらしい隠遁者がすくないのは残念というほかはない。

言葉は事物を表現するために用いられる。反覆して頻繁に使われていると、言葉と事物の両者はいかにも一体不可分のように思われてくる。言葉はもともと記号であって、記号としての操作ができるはずだが、事物のくまどりが濃くなると、記号としては自由に使えなくなってしまう。思考の手段としては扱いにくいものとなる。日常の言語で新しいことを考え出したり、純粋の思考をするのが思いのほか困難であるのはそのためで、科学者は新しい記号をいろいろ案出する。数学はそういうもののうちで、もっとも壮麗な記号体系といえよう。

言葉には二通りの用法がある。ひとつは事物を指示する使い方であり、他は事物の関係をあらわす記号としての用途である。具体的用法と抽象的用法（メタラング）といい換えてもよい。同じ言葉でも、具体的に用いたり、観念的に使ったりする。具体的用法はいわば自然発生であるから問題ないが、それを虚構の記号に見立てるのはすぐれて人間的、文化的な営みである。人間が言語的動物といわれるのも、この用法を発達させることに成功したからにほかならない。

具体的に存在するものを指示する言葉を、そういう照応なしに使うようになるこの転換の教育は、思いがけない早い時期に行なわれている。幼児期のおとぎ話である。

みどり児は具体的言語を身につけるが、それだけでは直接経験の範囲から出られない。未知を理解するようになるには、これを虚構化しなくてはならない。存在しないものを表現した言葉がわからなくては、言語は文化の担い手になることができない。

それを理屈抜きにやっているのがおとぎ話である。どこの国でも、まだ、教育ということがほとんど考えられなかった時代から、子供は〝はなし〟を聞くことを喜び、大人はそれを話して倦むことを知らなかった。超現実的フィクションであるおとぎ話もくり返し語られると、虚構の世界が認知されてくる。

こうして、実の言葉に対して虚の言葉がわかるようになる。記号としての言葉の一部は、こうしてほとんどすべての人間に教えこまれる。ただ、この虚構化が入念に行なわれるか、おざなりに通過されるか、で大きな違いが出てくるように思われる。

虚構化は言葉の出家だといってもよい。自由に思いのまま動くことができる。これがいい加減になっていると、記号操作としての言葉の使い方はうまくいかない。俗にいう頭のよい人とは、虚構化がしっかりできている人のことであって、おとぎ話の教育がうまく行なわれた結果であることがすくなくない。メタラングを自由に使うことができるのは言語的出家である。

日本語の泣き所

虚構の言葉で表現されるのは非実存の世界である。もし、現実に対応しない言葉をウソだとするなら、人間の考える学問、芸術、思想など、大部分がウソだということになる。社会的に制裁を受ける道徳的問題となるウソを除外すると、人間の人間らしい表現のきわめて多くがウソの性格をもっている。

ウソをつくのは人間の言葉でなくてはできないこともすぐわかるはずだ。ウソは言語的に現実を離脱している。幼児のときにはおとぎ話によって、言葉を〝出家〟させるが、学校教育の中ではどのようにそれが行なわれるか。文学作品の読書によっている。

文学的表現は一見して現実的外見を備えているから、実の言葉としても解することができる。しかし、よくよく考えれば、すべての創作はフィクションであって、現実の模写、コピーではない。したがって、その理解には虚の言葉としての接近が求められる。文学作品は言語から見ると二重人格的であるが、それだからこそ、実の言葉を虚の言葉へ移行、展開させる手段になる。

現実の言葉には重力が働いてすぐ落ちる。虚の言葉は無重力の世界にあって、時間や場所から超絶する。そういうウソの言葉を使ったときにはじめて、われわれの思考は本当に自由になる。

数学の式はもっとも高度の抽象であるから思考手段としてはもっとも自由な操作ができる。言語はそれに比べると、当用を弁ずることができ、それは実際的にはたいへん便利なわけだが、それが仇になって、抽象的記号としての精度はどうしても落ちる。どんなに純粋な思考をしているつもりでも、どうしても、そこへ現実の影がさす。

数学的思考にも厳密にいえば国境があって、フランス人はいかにもラテン系民族らしい数学を創り、日本人は日本人らしい数学を発達させるのかもしれないが、まず普遍的だといってよかろう。それに比べて言語によって表現される分野では、どういう国語を使うかによって思考そのものが違ってくる。ドイツ的観念論はドイツ語と無関係ではなく、フランス哲学の明晰さはフランス語に影響されるところがすくなくないように思われる。言語によってメタラング化の方式が一様でないからである。

われわれの日本語は実感に即するという点ではきわめてすぐれているが、それだけに、なかなか自由になってくれない。あまりにも実の言葉でありすぎる。もっと遊ばせなくてはならない。われわれに、おもしろい知的創造がすくないとすれば、言葉が日常性の桎梏《しっこく》から自由になり切れないでいるからではなかろうか。

7 あえて読みさす

中絶癖

まだ学生だった頃のこと、何気なく読み出した本が滅法おもしろい。Q・D・リーヴィスというイギリスの女流学者の書いた『小説と読者層』というのだが、著者についての知識はまるでなかった。よく、目から鱗の落ちる思いがするという。それまでは大げさな比喩だと思っていたが、本当にそういう経験というものがあることをこの本で初めて知った。途中からはもう夢中である。書いてあることは何かすばらしい天啓のように感じられる。疑問の余地などまったくない。若いときの読書には、こういうひたむきなものがあって、それで成長していくのであろう。

リーヴィス女史が、あるところの脚註に、これについては、リチャーズとエンプソンのこれこれを読め、と記している。心酔した著者のいうことだから、是が非でも読まなくてはいけないと思った。それにこちらの二人は名前だけは知っていた。まだ、外国の本など買える時代ではなかったが、学校の研究室にどちらもあったのはありがたかった。

Ｉ・Ａ・リチャーズの本は『実践的批評』というのである。この本を二十ページくらい読んだところで、妙な気持に襲われた。やはりひどくおもしろい。ただ、たんにおもしろいのではない。胸がわくわくしてくる。よく夢の中で、どこかすばらしい所へつれていかれそうな気がするのだが、行っては怖しいことになりそうな予感がする、ということがある。いくらか、それに似ている。

ひとまず休んだ方がよさそうだと思って、読みたい心を抑えて本を閉じた。次の日、吸い込まれるようにまた読み出したが、さらにいっそう怖しくなる。どういうわけかわからないが、読み続けるととんでもないことになりそうな気がする。また、すこし読んだだけでやめにする。こういうことを両三日続けて、とうとう読了することをあきらめてしまった。ごく初めのところをちょっぴりのぞいただけで終った。それでいて、たいへんよくわかったように感じていたのだから不思議である。

ウィリアム・エンプソンの本は『曖昧の七型』というのである。これはもっと早いところで金しばりに遭った。はじめの数ページを読んだだけで、この先をのぞくととんでもないことが起らずにはおかないような不安に襲われてしまった。

つまり、おもしろ過ぎそうな予感があって、こわくなるのである。

本を読んでいると、興味の山もあれば谷もある。たいへんおもしろいと思っていると、やがて、それほどでもない部分がつづく。それが過ぎると、また、盛り上っておもしろくなってくる。疲れてくると、その谷のところで、中止したくなるものだ。あとは明日にしようなどと思って本を閉じるのだが、それが永久に縁の切れ目になってしまうことがすくなくない。つんどく（積ん読）本はそうしてできる。

読むコツは、谷のところで読みさささないで、山のところ、あるいは、山へさしかかるところで休止することである。このさきがおもしろそうだ、もうすこし読み続けたいという気持をもったところで、あえて読みやめる。そうすると、あとで本を開くきっかけがつかみやすい。逆に興味索然としかけたところで切ると、本の引力はすくないから、ついとりまぎれて、本へ帰ることを忘れてしまう。かりそめの別れが永の別れになる。

おもしろくなさそうな本を読みさしにするのは自然である。おもしろくてたまらなくなりそうな本なら、放っておいても読まずにはいられなくなるはず。それを読まずにいるのは相当な禁欲的意志を必要とする。ところが、リチャーズやエンプソンの本のように、おもしろ過ぎてこわくなり、先が読めない気持になることもある。途中でやめるのは、おもしろくなくなった本と同じだが、こちらはたえず本を意識している。いつの間にか本の存在を忘れるのとは大違いである。

ひどくおもしろそうだとなると、かえって、先を読み続けられない——というのは癖なのかもしれないと思う。リチャーズ、エンプソン以来、何度かそういうことがあった。いまでもこの癖は抜けないらしく、ときどき自分ながらに迷惑する。

書評を引き受けて読み始めた本が、予想外におもしろい。十ページくらいのところで、これはあぶないと思い出す。二十ページあたりで、もう読んではいられないような気がする。本を閉じてぼんやりしていると、あれこれ余響が浮んでくる。それに身をまかせているのはこのうえなくたのしい。いつの間にか自分の考えを触発されることもある。

これではしかし、書評の間には合わない。せかされて、ぜひ早く、などといわれると、依怙地になる。どうしても読めないような気がしてくる。それでとうとう書評ができないで、迷惑をかける。おもしろそうな本の書評は鬼門である。そうかといっておもしろくない本の書評も閉口する。いずれにしても書評には向かない人間だとあきらめて、このごろは書評ははじめから降参することにしている。

影響

リーヴィス、リチャーズ、エンプソンに出遭ってから数年は何も書かないでぼんやりしていた。別になまけていたわけではないが、まとまったことは何もできないし、書いたものもないから、ほかからは遊んでいるように見えてもしかたがない。

はじめのところを少しのぞいただけの、リチャーズとエンプソンのことがしきりと気になる。しかし、読めば一生その虜になってしまいそうである。いくら何でもそれは困る。あの先がどうなっているか、読めばわかるが、読まないで、自分なりの見当をつけるとすればどうなるか。そんなことも考えた。幸いに、その先を知らないのだから、勝手なことが想像できる。その空想は自分の考えであって借りものではないはずだ。リチャーズとエンプソンは先生だが、はじめの手引きだけしてもらって、あとはひとりで考えることにしよう。その独り歩きがなかなか思うようにいかなくて意外に時間を食う。数年はまたたく間に過ぎた。

七、八年経ったころから、ぼつぼつ自分の考えが形をとるようになり出した。そうなると、たいして時間はとらないもので、一年くらいのうちに、一連の試論をまとめることができたから、それを一冊にして、最初の本を出した。

どういうものか、いくらか注目されたらしく、方々に批評が出たが、おどろいたことに、申し合わせたかのごとく、リチャーズ、エンプソンの影響があると指摘している。さきにのべたように、その臭いはかいだけれども、影響を受けるほどは読んでいない。もし影響というならリーヴィス女史の本からであろうが、それをいう人はひとりもなかった。感心して読み通した本よりも、こわくなって、あえて敬遠した本から多くのものを引き継いでいるとしたら、何とも皮肉な話だ。

もっとおどろいたのは、リチャーズのまったくのぞいても見なかった本との関係を論じた批評があったことである。前記『実践的批評』のほかに、リチャーズには『文芸批評の原理』という大著がある。『実践的批評』でそういう目にあっているから、ほかの本には手も出さなかった。読まなかった本の影響を受けるとは奇である。

思うに、そういう批評を下した人たちは、これだけはっきりした恩恵を受けているのに、それを明記しないで、あたかも自分の考えであるかのような顔をしているのは、けしからんではないか、という抗議をこめていたのかもしれない。そうだとすると、著者としても弁明の必要がある。

それを考えかけて、たちまち壁にぶつかった。ほかの人が、読んだといっている本を、じつは読んでいないのだと証明することは、本人にとっても困難であることに気付いたのである。読まなかったといわれた本を実際に読んでいる証拠なら、出そうと思えば出せるが、その逆の証拠は出しにくい。たまたま、似ているといわれているのだ。それだけに、知らないといえば、無断借用をしておいて、自説のように飾ろうとしていると勘ぐられかねない。弁明をすることはあきらめた。ほかの人がどう思ってもしかたがない。神と自分だけが本当のことを知っていれば、それでいいと思うことにした。

そしてひとり考えた。もし、あのとき、二人の著作を次々読んでその所論に服していたとしたらどうであっただろうか、と。知識はついたに違いない。感心してものもいえない状態がつづいたのは、読まなかったのと同じであろう。ただ、全部を知ってしまったら、自分の考えは出て来にくかったのではあるまいか。おもしろくてたまらなさそうな本をちょっと垣間見て、そこで別れてしまった。そのあとの余韻の中からおのずから新しい考えが浮んでくる。

自分ではそれが相当オリジナルなものだと勝手に思い込んでいたけれども、こうして第三者から、それもひとりふたりではなく、何人かから異口同音に影響ありと〝保証〟されてみると、似ていることは認めなくてはならない。類似を指摘されなくてすむほどオリジナルでなかったのは残念でないこともないが、ものは考えようである。読まない本にまで似ているとするなら、自分の頭もまんざら捨てたものでもない。同じ出発点から始めたとして、そのあとが大体、リチャーズやエンプソンと似たことを考えているとすれば、それでいいではないか。そこで、不可能に近い不存在のアリバイを証明することなど愚かだと思った。

本はもちろん途中でやめない方がいいに決まっているが、まれには、読書を中絶したためにかえって、創造的影響を受けることがある。こういうことは学校では教えてくれない。

本と付き合う三つの態度

本との付き合いも人間との付き合いに似ているように思われる。

はじめは仲よくしていてやがて意見が合わなくて別れ別れになる――そういうことが読書にも交友にもおこる。友人との付き合いはともかく、本でまったくこちらの意見をさしはさむ余地のないということは珍しい。どんなにおもしろいものでも、どこかに不満がおこる。その点を押していって自説を展開すれば、そこに批判、批評が生まれる。この場合はどうしても、本を否定する立場をとらなくてはならない。批判はしたがって否定的創造活動ということになる。新しいものを生み出すひとつの方法ではある。ただ、何となく喧嘩腰で本を読んでいるようで哀れな気がする。

もうひとつの本との付き合いは、どこまでも書いてあることを信用し、おとなしくいわれるがままについていくやり方である。欠陥があるのではないか、間違ったところはないかと目を光らせているのではなく、大体においてすべてを肯定してかかる読み方である。すぐれた教科書に対する態度はこれに近い。教科書を疑っていては知識を身につけるのに妨げとなる。下手な懐疑をしないですっぽり受け入れる。それが抵抗なくできる人が優等生といわれるのだ。

優等生は従順であるから書いてあることはよく頭に入る。知識にはなるが、新しいものを生み出すきっかけをとらえることはかえって難しい。試験の成績ではすぐれている学生が、論文やレポートを書くと何ともいえない妙なものになるのは、グライダーとして優秀であっても、自力で飛ぶのはまた別であることを示している。

学校の教育は本により添い、そのいわんとするところを正しく解することを目標に行なわれるから、いわゆる優等生が生まれ、それがもっとも望ましい学習者であるという常識が確立する。もちろん、何もわからずに理屈だけこねまわすのは危険である。まず、必要な知識を身につけよと学校が要求するのは誤ってはいない。ただ、知識習得ということがなかなか簡単にははこばないから、長い期間を要する。そのうちに、受容一方の姿勢が固定してしまう。本を読んでいるうちに、本に読まれるようになる。ショーペンハウエルの読書論はこの間の事情について小気味よく、するどい批判を加えている。

第三の道は、おもしろい本とすこし付き合い、おもしろくてたまらなくなりそうなところで、あえて、その本と別れる方法である。もちろんこれでは知識を得ることはできない相談である。その代り、自然に新しい考えをもつことは可能である。第一の方法のように本のいっていることを否定し、ときには破壊して、そのあとへ修正意見を出すのは、平和ではない。それに比べると、中絶読書なら批判によらずして、わが道を往かれる。

運動している物体は、外からの作用を受けないかぎり、その運動を続けようとする性質をもっている。動いているものが急に停止すると、それまで動いていた方向へのめり込もうとする。電車が急停車すると、乗客が将棋倒しになるのもこの性質による。慣性の作用である。

物体に認められるこの慣性の法則は心理現象にも適用できるように思われる。親しいものが傍からいなくなって感じる〝淋しさ〟の感情も、慣性が挫折させられたところで意識されるものと解釈できる。

本を読むときにも慣性がはたらいている。本のはじめの部分は多少とも読みにくいが、なれるにつれて、だんだん読みやすく、すらすら進むようになる。途中でやめるのが惜しくて先を読みたいとも思う。脱兎の勢いで終りの部分を読んで読了すると、あとに余韻が生じる。もっとも大規模な慣性の現象といってよい。心理的には本を追おうとしているのに、本はもう終ってしまっている。対象を失った読者の心理はそれまで進んできた方向の延長線上を走る。そうして起るのが余韻で、ことに文学作品において顕著であるが、文学に限るものではない。すぐれた書物は読み終えたとき何らかの残影をもつのが普通である。

中絶読書は、読み切らないで、おもしろくなりそうなところで、つまり、スピードが出たところで、本から離れ、そこに生じる慣性を利して自分の考えを浮び上らせようとすることにほかならない。芸術作品なら全部を読み通したうえでの余韻でなくては困るが、知的な文章では最後まで付き合っては、あまりに多く影響を受けすぎることになっておもしろくない場合もある。本はきっかけになればよいし、走り出させてくれればそれでりっぱな働きをしたことになる、そういう読書もある。

おもしろすぎて先を読むのがこわくなるような本がときどきあるというのは、途中で切って、そこに創造的慣性の作用を起すことを、われわれが心のどこかで期待しているからかもしれない。

脱線のすすめ

文章を読んでいて、いっていることが全面的に肯定されるのではない、また、当面、必要なことでもないけれども、じっとしていられないような興奮を覚えることがあって、そういうとき、〝刺戟的〟という形容詞が使われる。

〝刺戟的〟とはどういうことか。

かりに、本を円周のようなものだと考えてみる。読者はゆっくりその円に添って走り出す。だんだん速度が加わってくると、はじめのように円に即しているのが困難になり、カーヴでは外へふくらみ飛び出そうとするかもしれない。〝刺戟的〟とは、そういうカーヴをたくさんもった本ということになろう。

読書がこちらの予期するようなところへ展開するなら、快感はあっても、刺戟はすくない。逆に、読者の意表をつくようなことがつぎつぎあらわれると、読者はその都度、タンジェントの方向へ飛び出そうとして、そこに緊張をかもし出す。それが刺戟的と感じられる。

脱線しかけると、創造のエネルギーが生まれる。直線レールの上を静かにおとなしく走っていれば脱線の危険もないかわり、軌道の外へ出たくても出られない。無理なカーヴを大きなスピードで走り抜けようとすれば脱線するかもしれないが、そこに、新しい道のできるチャンスもある。安全な軌道を選ぶか、危険なカーヴの多い道を選ぶかは好みにもよるが、発見に便利なのは脱線の可能性の大きなルートを走ることである。

かりに大きなカーヴがあってもスピードがなければ脱線しない。安全運転だけを目標とするのなら脱線しないのは喜ぶべきことだが、新しい道をつくるには、軌道の上だけ走っていたのでは話にならない。無理なカーヴなら脱線して、より合理的な近道を発見することができるかもしれない。脱線するにはスピードを出している必要がある。これは自動車の運転とは違う。

寝ころがって読んだときに、たいへんおもしろいと思ったから、ひとつ本腰を入れて読んで何かまとめてみようか、などと考えて机に向って読むと、さっぱりおもしろくなくなってしまう。そういう経験はすくなくない。やはり、読む速度が関係しているように思われる。さっと読んだときは、適当に脱線して、勝手なことを想像しながら読む。あちらこちらで自分の考えを触発される。それが〝おもしろい〟という印象になる。ていねいに読めばいっそうおもしろくなるように考えるのは誤解で、スピードにともなうスリルが消えると、さっぱり刺戟的でなくなってしまうのである。

本は気軽に読んだときもっとも創造的でありうる。しかし、すぐれた本は、そういう気ままな読み方を拒む。ぐんぐん引き入れようとする引力をもっている。それに抵抗するには、さきにのべたように途中でやめるしか手がない。たとえ中止することが不可能なときでも、なるべく脱線を大切にして、自分の考えをたしかめながら進むことである。そうでないと、本を読めば読むほど自分の考えがはっきりしなくなってしまうというようなことになる。

大きな木の下には草も育たない、という。大木はすばらしい。寄らば大樹のかげ、という言葉もあるくらいである。近づきたいと思うのは人情であろう。すぐれた本も大木のようなところがある。その下に立っては手も足も出ないで、ただ、大著名著であることを賛嘆するにとどまる。大木は遠くから仰ぎ見るべきものと思って、早くその根もとから離れる必要がある。

これは本だけではなく、すぐれた指導者についてもいうことができる。すぐれた影響力をもっている点にのみ着目していると、その下にいて、個性を失う人間が育ちやすい危険を見落しがちになる。亜流になりたくなかったら、敬遠して影響を受ける必要がある。それを勘違いして、すぐれた先生にはなるべく近づきたいという気持にひかれて、せっかくの師の薫陶を台なしにしてしまうことが、いかにしばしば起こっていることであろうか。すぐれた師匠の門下にかならずしも偉才傑物ばかりが輩出するとは限らないのは、大木の枝の下で毒されて伸びるべきものまで伸びないでしまうからであろう。だいいち、門下という言葉からして感心しない。心ある門弟はあえて門外に立つ勇気がいる。

圧倒されそうな影響をもっているものには不用意に近づかないことである。近づいてもながく付き合いすぎてはいけない。

8　書くスタイル

ステージ・フライト

あなたなどは、もう上がることはないでしょうね——外国のある大女優がそうきかれて、いいえ、いいえ、いつもひどいものです。舞台の一週間くらい前から上がりはじめるんです、と答えているのを読んでおもしろいと思った。

上がる（英語ではステージ・フライト）というのは奇妙な現象である。どうして上がるのかわからないが、とにかく大勢の人前へ出ると心身に異常をきたすらしい。何でもないことができなくなってしまう。日頃の力を出すことができない。そういう舞台負けをするのは役者だけではなく、国際試合などへ出場する日本選手などもステージ・フライトのためにみじめな成績に終ることがすくなくない。もっとも、上がることを知らない人もいるから、さらに困る。晴れの舞台だと普段以上のでき栄えを見せる——そして、こういう人が大きな仕事をするのははっきりしている。

このごろは気軽にものを書く人がふえたから、原稿用紙に向ったとたんに妙想雲のごとく流れ出すといったタイプもあるかもしれない。しかし、もともと、文章を書こうというのは、高いところへのぼるようなもの、どちらかといえば、人見知りをするような人に多い。上がりやすいタイプだ。

論文を書けといわれると、ずっと先の話なのに緊張する。原稿の註文を受けると食欲がなくなってしまう。そういう人間は原稿用紙に向かうと、清水の舞台に立ったような気持になるのかもしれない。こちこちになって、まるで頭が働かない。二、三行書いてはやぶってすてる。

これをどういう人が読むのだろうか、と思うと心も手も萎える。ことに知っている人の顔が浮ぶといけない。下手なことを書いたら何といって笑われるか、などと心配になる。すでに退却を始めているのである。これではものは書けない。肩の力を抜かなくてはならない。それはわかっているのだが、思うようにならない。ことにりっぱなところへ発表される原稿となると余計に固くなるものである。原稿用紙だと構えてしまっておもしろくないから、というので、わざと広告の裏などを使って下書きをする人もある。

下書きなどしてはいけない。文章の書き方を教える本にはたいていそう書いてある。なるほど百枚の原稿を下書きしていてはたまらない。時間がどれだけ無駄になるか。しかし、いつまでたっても書き出せないでいるより、とにかく、下書きでも始めた方がいいし、結局、時間もその方が早いことがある。とにかく理屈通りにははこばない。

かりに百枚の下書きに三十時間かかったとしよう。それを清書するのに二十時間要したとする。合わせて五十時間。それだけの時間ではじめから本番の原稿を書けば一時間二枚のゆっくりしたペースで進めるわけだが、ステージ・フライトにかかって、足がわなわなしていては、何百時間たっても一枚も書けないこともありうる。無駄は承知での下書きが効果をあげる。上がっている気持を落ち着かせるための仕切りだと思えばいい。

そういう下書きなら何も一度に限ることはない。気のすむまで、時間のあるだけ、繰り返し書き直すのも一法である。ただ写しかえているようでも、必ずすこしは良くなる。ときに思いがけぬ新しいことに気付くことだってないとはいえない。下書きをいやがることはない。

タイミング

人間は怠け心をもっている。面倒なことはなるべく避けて通りたい。本を読むよりテレビを見る方が楽だ。その本を読むのも、ものを書くのに比べたらずっと抵抗がすくない。することがないから本でも読むかとはいうが、ひまだから、ひとつ文章を書いてみるか、とはまず思わない。

本を読みたいという気持はときどき起るが、ものを書きたいという衝動はめったにあるものではない。書くのは相当〝不自然〟なことらしい。書いてみたいという気が起こったら、のがさないようにしなければいけない。インスピレーションではないが、二度とやってこないおそれもある。

原稿を頼まれる。先方の話をきいていて、それはおもしろそうだと思う。つられて、考えつくことをあれこれしゃべる。われながらこれはと思うようなことを考え付いたりする。こうして編集者から新しい思考をひき出されることがじつに多い。これは現代における知的創造のかくれた面である。このごろ学会ではシンポジウムというのが催される。何かおもしろいことが出てくるかと思って期待して出かけるが、たいていは退屈で、こちらの考えを触発されるといったことはまず例外的である。

そこへいくと、編集者とのおしゃべりがほとんど例外なく刺戟的であるのは、不思議なほどだ。もっともそれでなくては、あまり書きたくない、書くことがない、という気持を潜伏させている執筆者から原稿をとる仕事にはならないだろう。編集者は知的創造の産婆役として、きわめてすぐれている。

そういう編集者にすすめられると、たいていのことが可能なような錯覚におちいる。よし、ひとつやってみよう、うまくいきそうだ。そう思って締切りを期す。それが間違いのもとであることがすくなくない。おもしろそうだと思ったことも締切り間近になってみると、様子が違ってくる。なまじ、おもしろそうだったという記憶が残っているだけに、ひどくあわてる。こうなると、もういけない。

書くにはタイミングということがある。おもしろいと思ったら、そのときに書いてしまうのがいちばんいい。温めておくつもりでのばしておくと、さめたスープのようになってしまう。そういう点に気付くと、原稿は註文されたときに、まず大体のことを書いてしまうというのがいちばん楽に仕事ができる方法だとさとるのである。それを実行している人もすくなくないようだ。

もっとも締切りが来なくては書く気にならないという人の方が多いのははっき

りしている。催促の電話がひっきりなしにかかってくると、それに合わせて気持もまとまってくるというのである。追い込まれないと書かないタイプ。ほかに逃げ道があっては苦しい執筆に心が向かない。出口をすべて封じておいて、ペンの先から考えをしぼり出す。締切りが過ぎて矢の催促を受けて、どうにもしようがなくなると、猛然と書く。こういう人は思い屈しているときに良いものができる。おもしろくないことがあって、くしゃくしゃしているときにかえって頭がさえる。何を、という意地がないと書けない。一般に、ものを書くには、人間あまり幸福でない方がいいらしい。

原稿の設計

書く前に何を書くかはっきりしていなくてはならないのはもちろんである。建築をするのに設計図なしという乱暴なことはない。うまく書けないときは、たいてい考えがよくまとまっていない。何と何をどういう順で書くということがしっかりきまっていれば、文章に気を配る余裕もでる。混沌とした考えを整理しながら書いていると、文章も支離滅裂に荒れがちになる。それを見てわれながら厭気がさす。

設計を頭の中だけでまとめようとするのは実際的ではない。やはり紙に書いてみる。ただ、あまりこまごました部分まで書くと全体の見通しがつけにくい。窓の形をどうするかなどはあと廻しにして、まず、柱をどこに立てるかを考える。柱にするものがきまったら、それをどういう順序で並べるかが問題になる。設計のやりなおしを面倒がってはいけない。何度でも気に入るまで書きなおす。

書きなおしのかわりに、かるた取り、という方法によることもある。いまかりに、AからJまでの十本の柱を考えたとする(これではすこし柱が多すぎるが、いまはかるた取りの説明だから、そのことは無視する)。

AからJをそれぞれ別の紙片に書く。十枚のカードができるから、それを並べてひとつひとつにらむ。仲のよさそうなカード同士を隣りにおき、続き具合の悪そうなのは離してやる。こうしてあれこれ順列組み合せをやってみて、これしかない、という配列ができたら、その通りの順に大きな紙に貼りつける。

さらに、これとは別に、この問題について頭に浮んだことをカードに書き写しておいたものを一面に並べて、さきの柱となるカード別にかるた取りの要領で集める。それをそれぞれの親カードの下へ貼っておく。こうして設計が完成する。これを見ながら書いていけば構造や論理がひどくおかしくなるということはすくない。

ものによっては、こういう設計がしっかりしていると、かえっておもしろいものが書きにくいということもある。むしろ、行き当りばったりが、思いがけない発見を生む場合もあるのである。偶然のおもしろさをすててしまってはいけない。その意味からも設計が極度に細密部まで徹底しているのは考えものだ。適当に変更可能なのがいい。

まだ完全にはっきりはしていないが、とにかく書いてみようというい方もある。こういうときには、はたして終りまでたどりつけるかという不安があるのが普通だから、ざっとした下書きをするつもりで、とにかく最後までいってみる。下書きだからどんどん書き飛ばしていると、途中で思いもかけなかったことが頭に浮んでくるかもしれない。これがじつにうれしいものだ。ものを書く喜びの最たるものであろう。

書く手と頭とがうまく調子が合ってくると、次の行に書くことが頭にちらちらする。手がそれを追って大急ぎに走っていく。こうなると、おもしろいように進む。こういったことがおこるのは、あまり設計がしっかりしていないときに多いようである。

論文は別として、いくらかでもおもしろさをねらった文章においては、事前にあまり技術的な設計をつくらない方がよいように思われる。書きながら考える。ふと頭をかすめる一回性のアイディアを追って書く。それができればいちばん楽しい。それはわかっている。ただ、失敗すると目も当てられなくなるから、用心をするなら、設計をつくることだ。設計もつくりつけていると、おのずから、我流ができるから、それほど厄介ではなくなる。

煉瓦と豆腐――パラグラフということ

原稿の設計をつくって、柱となる問題の下位にいくつかの小さな柱を並べる。文章を書くに当っては、この小柱からかかるのだが、それをどうしたらいいか、これがはっきりしないことがすくなくない。

というのも、われわれは小さいときから、パラグラフというものをしっかり教わっていない。文章を読むときにも段落をあまりつよく意識しない。ただ、行が改まっているな、くらいにしか考えないで読んでいる。文章を書くときに、パラグラフという単位を重ねて考えを展開させるなどということはどこでも、だれも教えてくれない。作文の時間は、思ったことを思った通りに書きなさい、と指導されるだけで、段落をつけるということすら知らないで大人になりかねない。

戦後、追放で勤めを退いたある大実業家がはじめて頼まれた原稿を書いた。四百字何枚という註文を受けたこの人は一字のあきもなくびっしり原稿用紙を埋めたそうだ。余白、字の書いてない分にまで原稿料をもらうのは正当ではない、という経済観念によったというのだが、ようするに、原稿の書き方、文章の作法を知らなかったということだ。これほど徹底してはいないにしても、似たようなことをしている人は意外に多いのではあるまいか。

設計のときの小柱がそれぞれパラグラフになるようにしてあると、たいへん便利である。外国の論文を見ると、よく論旨整然とした文章にぶつかる。ところが、日本人はこうした書き方に馴れていないから構成力が不安定になる。外国語の文章のパラグラフはたとえていえば、煉瓦のようなものだ。きちんと積み重ねていくと、いくらでも大きなものができる。がっちりした単位である。ものを考えるのにもパラグラフの単位がはたらいていると思われる。

それに比べて、日本語の段落は豆腐のようなもの。一見して四角なところは煉瓦に似ていないこともないが、固さが違う。煉瓦はいくらでも積み重ねがきくが、豆腐は重ねると崩れてしまう。長大論文が生まれにくい。欧文のようなパラグラフではひとつひとつのパラグラフは水ももらさぬ緊密さで結び合わさっていなくてはならないが、豆腐はなるべくぶつからないように、横に並べた方がいい。あるいはひとつを二つに切ったり、三つに切ったりする。論理的断絶が生命になっていることもすくなくない。

日本語で随想を書いている人が、いかにも無原則に改行し、新しい段落を始めているように見えることがある。段落尊重派の人たちからはとんでもない書き方だとして叱られるが、それほどでたらめでもない。ひとつの考えから次の考えに移るのに、ぴったり重なり合う煉瓦をのせるのではなく、別の皿へ、さっと移って、新しい豆腐をおく、というような移り方をすることがあってもよい。日本人は、むしろ、すこし離れたところへ飛躍するために新しい段落を始める。心機一転。散文でありながら、発想の上では詩に似たものになるのは、そのためであろう。

こういう移りの感覚が身につかないと人並みの文章が書けないのが日本語の泣き所である。いわば連句の移りのような呼吸で、初心者が段落に苦しむのは当然である。知的散文の練習は、やはり、地道に、しっかりした構造のパラグラフの積み上げから始めるのが賢明である。われわれはもっとパラグラフに関心をもつ必要がある。

知的散文はパラグラフを単位とした文章である。会話文などが挿入されるために、段落の観念があいまいになる小説などは、論理をはっきりさせる文章を書くときの目にはむしろ毒である。われわれは文章のお手本を文学作品に求めがちだが、すくなくとも実用文にとって小説の文章はあまり参考にならない。

書き方のスタイル

書くのは夜ときめている人がある。明るいうちは書けないものと思っている。低血圧の人は寝覚めが悪く、体のエンジンのかかるのがおそい。どうしても夜型になる。それと対照的に朝のうちだけしかものを書かないというタイプの人もある。だいたいにおいて若いうちは夜型が多く、年をとるにつれて朝型が多くなる。習慣になると、それ以外のことをしてはうまく仕事ができないと考えがちだ。書くのは苦しいことだから、なるべく儀式化して、その苦しさをすこしでも忘れようとするのかもしれない。朝型の人がたまに夜書いた原稿のできばえが香しくないと、やはり夜はいけないのだと、夜のせいにして、朝の信仰を強化する。つまり、くせができるのである。

さきに触れた下書きにしても同じこと。下書きしないとこわくて書けないと思い込んでいれば、何百枚の原稿だって下書きをする。逆に、下書きを清書すると何となく生気に欠けると信じ込むことも可能で、そういう人はどんな短いものでも下書き抜き、ぶっつけ本番でやる。

夕方書いて、一夜寝させて、翌朝読み返し、手を入れてもう一度書き直す。こうするとすわりのいいものができると信じ、これを何年も実行している人もある。読み返すときには声を出すと文章のおかしいところでは自然につっかえるから、そこを直せばいいという人もある。

十枚の原稿を書くのに、まず三十枚書いておいて、それを削って削って、十枚に縮め、そこで清書するという努力家もある。反対に、三十枚書くのにまず五枚か七枚程度のミニチュアをこしらえて、これをふくらませて十五枚、二十枚にしていって、ついに三十枚に達する。こういう模型製作のようなことをする人もある。

ある学者は、はじめの一枚書くのに何枚も書き損じをする。二枚目でまた何枚も書きそこなう。こうして一枚進むのに何枚もの原稿用紙を犠牲にして、すこしずつ伸していって最後へたどりつく。トンネル掘り型の書き方である。実に人さまざまである。おもしろいことに、多くの人が自分の方法をもっともすぐれたものと思っている。すくなくとも自分にはこれしかないと思っている。もっとも、それでなくてはそういうくせを続けるわけはないであろう。

ものを書くには書き方のスタイルができていないといけない。一回一回新しい書き方をしていては調子が定まらない。たまたまうまくいった場合があると、同じことを次の機会にもやってみる。そこでまた、たまたまうまくいくと、それ以外では成功しないような気がしてくる。こうしてジンクスができる。やりつけたことをしているとスタイルに乗って、わりあい抵抗がすくなくてものが書ける。もの書きが、ときに原稿用紙や万年筆にまで註文をつけるのも、書くスタイルに合うかどうかで仕事の能率やでき栄えに影響があると信じているからである。

そこまで凝るかどうかは別として、スタイルがなくては、ものが書きにくいのはたしかだ。

スタイルの二重性格

朝書くか夜書くか、下書きするかしないか——こういうのは文章の外側にあるスタイルである。もちろん普通のスタイルは文章の内側の特性でなければならない。文章を書くのが苦しいのは、スタイルができていないからである。そして、自分にはどういうスタイルがあるのか、これがなかなか自覚できないから始末が悪い。

スタイルを文体と訳してしまったのは、考えてみると、われわれの国の不幸であったかもしれない。作家なら文体がなくてはいけないだろう。しかし、われわれのような人間に文体などというたいそうなものがあるわけがない。一般の人間はそういう誤解をしがちだ。スタイルというものを、どこか、よそごとのように感じている。

ひとりの人間が誠実に文章に取り組めば、スタイルが問題にならざるを得ない。スタイルがなくて書いているのは、自分の文章でありながら、自分の文章とはいえない。

スタイルづくりは尊敬する人の文章を真似るところから始まる。ただし、真似るという意識が働いているうちは本ものではない。自然に影響を受けて似てくるのが本当である。先生を尊敬している弟子は、書く文字から笑い方まで先生に似てくるものだ。それと同じことが文章の師弟の間にもおこって、スタイルが似てくる。

借りものの色濃いものであっても、スタイルができると、それまでは書けなかったようなことが割合らくに書けるようになる。そのかわり、そのスタイルでは書けないこともできるが、こちらの方は気付かれないのが普通である。やがて、自分のスタイルというものができるようになって、なんとかものが書けるようになるが、それと同時にマンネリズムが始まっていることも忘れてはならない。

作家が意図的にスタイルを変えることがあるのは、このマンネリズムを避け、スタイルの陰になっているところに陽を当てようとするからにほかならない。新しいスタイルによると、新しい世界が拓かれる。スタイルを確立することはなまやさしいことではないが、しっかり固まってしまったスタイルはあまり大きな飛躍や進歩を約束しない。むしろ、スタイルを模索しているときに思いがけないことが見つかるものである。自然科学の大発見が比較的に若年の研究者によってなされることはスタイルの二重性格を物語っているように思われる。

スタイルがなくてはものは書けない。さらには考えることもできない。しかし、いったんできてしまったスタイルは、なるべく早くこわさなくては危険である。スタイルによる自家中毒は、精神にとって、もっともおそろしい老化の原因になるからである。

9 酒を造る

論文というもの

イギリスの詩人ロバート・グレイヴズが、詩作では食っていけないのは、昔も今も変わりがない、身過ぎ世過ぎのために心に染まぬ仕事もしなければならないが、下手なことをすると肝心な詩が書けなくなってしまう、とのべているのを読んだことがある。

グレイヴズはいろいろな職業を詩人に危険だとしてあげているが、よくやる、出版社や放送局づとめも感心しない。もっと悪いのは教師だとあって、教師はつらい思いをしなくてはならない。なぜ出版社や放送局がいけないかというと、妙な形で創造活動のエネルギーを満足させられるからである。もし、そういう所へ勤めるのだったら、編集関係の仕事は避けて、郵便物の発送係かなんかにしてもらうといい、といった忠告がおもしろい。

教師は知りもしないことを知ったかぶりをしないと毎日が過ぎていかない。これほど創造にとって有害なことはすくなくないのだから、詩人たらんとするものは教職に近づかぬことだ。そういうグレイヴズの意見を読んで、やがて思い当ることにぶつかった。

このごろは外国文学科の学生に卒業論文を課さない大学がふえてきたが、ひと昔、ふた昔前には、どこの英文科でも論文を書かないと大学を出られなかった。戦前は卒業論文と呼ばれていたものが、戦後いつの間にか〝卒論〟と手軽にいわれるようになったと思ったら、さきのように方々の大学で姿を消し始めた。

学生に論文を書かせるのだから、指導をしなくてはならない。たいていの大学で論文指導といった題目の講義か演習が開かれている。これが問題である。論文を書くのが当り前になっている専門なら、かくすればかくかくの論文ができ上る、と実地教育ができるであろう。自信のある教師なら、自分の論文を模範として提示してもいい。ところが、そうはいかないことが多いから苦労する。

だいたい外国文学では言葉を何とか読みこなすのにひどく時間と労力をとられるから、論文めいたものすら書く余力が残らないことがすくなくない。何年に一篇でも書けたら奇特というべきである。かつては論文などひとつもなくても大学者でありえたものだが、アメリカ流の業績主義（これをPublish or Perish〔〝論文〟を発表せよ、しからずんば、亡びよ〕というらしい）が渡来してからは、書いたものがないと何かにつけて都合が悪い。泣く泣くではないにしても、渋々〝論文〟を作らなくてはならなくなったというのが正直なところである。教師としても、とても胸を張って、我に続けなどといえるわけがない。

納得のいかないことはいっさいご免こうむる、といったことが通用するほど、世の中は甘くない。学生諸君にはすこしでもいい論文を書いてもらいたいという親心もある。自分にはうまく書く自信はないのに、論文作成の方法を教えなくてはならないという破目に陥る。教師にはなるものではない、というグレイヴズの言を思い浮べて、情ない気持になることがある。切羽つまれば窮余の策も浮んでくるものらしく、野球をしたことのない野球監督や、創作の経験のない批評家の有効性などを引き合いに出して、自分をはげまし、何とか論文の書き方を教えようと決心する。私もそうであった。もう二十年くらい前のことである。

一度恥を忘れてしまえば、二度目からは罪の意識はなくなる。それをいいことにして、毎年毎年、年中行事のように、春になると、どうすれば論文が書けるかを話したものだ。論文の書き方というと、形式のことを連想する学生が多いので、表現に至る思考法といったきざな題にしたこともある。英文科三年の演習の時間を一回つぶして、百分間の話をするならわしになっていた。これが学生の間で話題になっているという噂をきいたことがある。こういう恥さらしなことをあえてする教師はめったにない。珍しいから話題にしたのであろう。それをここで披露しようというわけだから、恥の上塗りになるのは覚悟のうえだが、改めてかつてこの話を教室で聴いてくれた諸君の寛容を乞わなくてはならない。

テーマ

かりに、いまシェイクスピアの論文を書いてみようと思っているとする。よく、ぼくのテーマはシェイクスピアの悲劇です、などといってくる学生があるが、そんなテーマがあるものではない。テーマは論文の主柱である。テーマがはっきりすれば、論文は半分できたも同然である。はじめにテーマがあったりするはずがない。もらったり、盗んできたり、ひろったりするものではなく、あくまで自分で発見しなければならない。論文を書くのは、おもしろい、すくなくとも書く当人にとっておもしろいテーマを見つけることに帰する。

テーマを発見せよ、というと、目ぼしい参考書をあさって、何かおもしろそうなことはないか、とうろつきまわることがすくなくないが、順序が逆である。ひとのめがねでものを見てから自分の目で見ても、ものが正しく見えるはずがない。まず、自分で見る。それには作品をじっくり読むことが何よりである。ぼんやり感心していないで、おもしろいと思ったところ、わからないところ、なぜだろうと疑問をもったところに注意しながらていねいに読む。必要なら、ノートやカードもとる。この感想が論文の主要な素材となる。だがしかし、これだけでは論文にならない。このままで論文を書き出せば、感想文になってしまう。

　感想に核を与えて新しいまとまりにするには、異質な要素を添加する必要がある。シェイクスピアの論文を書くのだからといって明けても暮れてもシェイクスピア関係の本ばかり読んでいては、文学の論文にはならない。心を開いて、何でも興味ある事象はどんどん受け入れるようにしておく。新聞を読んでいても思いがけないヒントを得ることはある。友人の話をきいていてひらめくアイディアがあるかもしれない。電車の中で混雑に身を任せて瞑目しているとき着想が浮ぶこともあろう。ある問題をずっと考えていて得られるいくつかの着想は、一見、無関係のようでもどこか同じ根をもっているものである。

これはいい。帰ったらあとでノートに書き入れておこう。そういう呑気なことを考えてはいけない。万難を排して、その場でメモするのである。そのためにはメモ用の手帖か紙片をいつも用意していた方がよい。満員電車の中でそんなことができるかといっていては、永久にその着想との縁が切れてしまうかもしれない。歴史は一回性だというが、アイディアとの間も一期一会である。

シェイクスピアの作品を読んで、どうも作中の人間と人間との関係がぴったりしないような印象をもったとしよう。そこへたまたま、シェイクスピアの芝居をやろうとしている学生たちが、思わぬ問題にぶつかったという話をきいたとする。共学の英文科ではどこでも女子学生の方が多いが、シェイクスピア劇の役を振る段になって、はたと行き詰まった。男子の学生にはだれでも何か役があるのに、女子学生にはやりたくても役がない。シェイクスピアは何と男性中心なんでしょう、と女性が黄色い声をあげた、という話があったとする。

何となくおもしろそうだ。さっそくメモする。シェイクスピアの芝居の中の人間関係がすわりの悪い印象を与えているのと、どこかで結びつく可能性がある。ここで胸のときめきを覚えるようなら、このヒントはなかなか有望である。ここでは偶然にシェイクスピアの問題について、シェイクスピアに関するヒントがあらわれたのだが、まったく縁のない分野からの着想が思いもかけない働きをすることもすくなくない。なるべく幅広く網を張って、いいものをとらえるようにする。

素材・醱酵素・時間

ここから〝酒造り〟が始まる。

シェイクスピアの作品を読んで得た感想、疑問、興味などは、さしずめ、酒の米、ビールの麦に当るものである。これがどんなにすぐれていても、そのままで酒やビールになることはない。醱酵素が必要である。それに相当するのが、着想であり、ヒントであって、ここでいえば、どうしてシェイクスピア劇には女性の出る幕がかくもすくないか、だ。もっとも、これだけでは大論文を醱酵させるのにはすこし力不足だが、説明を簡単にするために、ヒントはこれひとつに絞っておく。素材と醱酵素をまぜても、すぐアルコールは生じない。論文も同じことで、ヒントと材料を混合しただけではしかたがない。これに加えるに時間をもってする。

この時間をかけるところがミソである。せっかくの着想と研鑽がこの時間を忘れたばかりに愚にもつかないものになり果てることがいかに多いことであろうか。時間をかけるとはつまり〝寝させる〟こと。これにいささかの工夫がいる。恥のかきついでに、私が年来試みていることを披露するが、これはほんの一法であって、いうまでもなく、ほかにいくらも良い方法があるに違いない。

素材、つまり、作品に即して感じた事柄と醱酵素、すなわち、着想あるいはヒントが揃ったら、それをノートに記入しておく。このノートについては、あとでもふれるが、まず、右ページの上に仮の題目をつける。その下に、このページの記入を行なった年月日を入れる。〝仕込み〟の時期を明らかにするためである。その下に作品に即して得られた知見を整理して、箇条書きにする。書き切れなければ紙を貼って書く。左のページには醱酵素に当るヒントを列記する。右左とも必要なら出典などを付しておくのはいうまでもない。新しいヒントや作品に即した知見があらわれれば、それもその都度記入する。ことに左のページはだんだん時のたつにつれて記載がふえていくのがのぞましい。

書きっ放しにしないで、ときどき、このノートを開いてのぞいてやる。ついでにいえば、問題がひとつしかないというのは、前にものべたように、健康ではない。見つめる鍋はなかなか煮えないというように、あまり過保護になってはまずい。いくつか同時にモノになりそうな問題を仕込んでおいて、テーマの間で相互に競争させてやるのがいいようだ。十日か半月に一度くらいのぞいてやるのが適当であろう。

一カ月、三カ月、あるいは六カ月たった頃、急にこの記入が気がかりになってくるようになったら、いよいよ脈がある。一日に何度でもノートをのぞきたくなるかもしれない。そういうときに、ふっとまた新しい考えが湧いてくるものである。シェイクスピアに女気がすくないというが、そういえば、夫婦が揃っている戯曲がろくにないではないか、ということが頭にひらめいたとしよう。

読んだ作品の粗筋をざっと思い返してみてもたしかにそういえそうだ。これはおもしろい。さらにしばらくすると、父親と娘とが軸になっている家族構成に気づくようになる。そのさきに、母親のいない娘のイメージが浮ぶ。

ここまで来てはじめて、テーマがはっきりしたという実感をもつようになる。

バルザックが小説のテーマは、充分熟してくると、向うからやってくる、といったそうだが、本当にテーマらしいテーマはこちらで追いかけないでも、自然にあらわれるものかもしれない。それまでは寝させておく。シェイクスピアの作品を読んで漠然とした印象、感想をもってから、何カ月かの時が流れている。その間に醱酵は起こっていたのである。

この段階になったらさきのノートの右のページの頭に「母親不在の演劇」という文字を入れて、その月日を書きつける。はじめに付けた日付けとこの日付けとの差が寝させるのに要した時間だということになる。気の早い人、あるいは、頭の回転の早い人は、ほんの数週間でりっぱな酒ができるかもしれないが、普通はもうすこし長い期間がかかるようである。大器晩成というのは、こういうことにもいえるらしく、概して早く醱酵したアルコールにはどうもコクが足りない。

いつかW・W・ロストウの『経済伸長論』のはしがきで、この本の萌芽は出版をさかのぼること二十年、一九三〇年代中頃、大学の学部学生のときにあったという告白を読んでひどく心を打たれた。この名著は二十年寝かされ、あたためられていて生まれた銘酒だったわけである。こういう仕事にこそライフ・ワークという言葉がぴったりする。

しかし、そういう大テーマがそんなにゴロゴロしているわけもない。小さなものには目もくれず一生にひとつの発見に賭けるのも悪くないが、おもしろいことがあるのに、それを見捨てることもない。

醗酵術にも修業がいる。何度か失敗しているうちに、だんだんコツがわかってきて、ようやく熟練することが多い。くりかえしやっていると、自分にはどれくらい寝させておけば醗酵がおこるか、おおよその見当もつくようになる。仕込みからテーマが沸々と湧き上ってくるまでの時間をはっきりさせておくのはそのためにも便利である。いつもなら醗酵する頃になってまったくその気がないようなら、これはまず、不発と思ってよい。いつまでも恋々と未練がましくこだわってみても、ダメなものはダメであるから、諦めが肝心だ。もっとも、ときには、これが超特大のテーマで、とくに長く寝たがっているということもないわけではないが、だいたいの見当はつくようになっていないと困る。

新しい酒

陶器などの真贋を見分けるには座右において日夜ながめるのがいちばんだという。見ているうちに飽きがくるのはもちろん、おかしいという感じがしてくるようだったら贋ものの疑いがある。名器といわれ、名人の作と伝えられるほどのものなら、一度や二度では見破れないのは当然だ。ところが日常ながめているうちに自然にわかってくる。そこがおもしろい。

テーマでも同じことで、はじめはひどくおもしろそうで有望に思われるものでも、時がたつにつれて興味が消えていくものがある。そうかと思うと、逆に、はじめさほどとも思われなかったのに、時とともにますます深く心を動かされることもある。候補テーマをノートに記入してときどき見返してやるのは、本ものと見せかけを鑑別するのに欠かすことのできない手続きのように思われる。見ていてすこしもおもしろくなって来ないものはまず望みが薄い。反対に、バルザックの言葉のように、向うからやってくれれば、本ものである。論文は堅苦しい、したがって、おもしろくなくてもしかたがない、あるいは、おもしろくてはいけないもの、と考える向きがすくなくないらしいが、それはおかしい。テーマが本当に醱酵していれば、すくなくとも、考えている当人を酔わせるはずである。書いている本人が心からおもしろいと思っていれば、論文を読む人にも、おもしろさは以心伝心で乗り移るにちがいない。どんなに浮世離れたことが扱われていても、なお、書く人、読む人ともに心を躍らせることができるようでなくてはウソである。

おもしろいことを創造するには、新しい酒が造れなくてはならない。ひとのものを盗んだり、借りたりしても、もとのものが充分おもしろければ、二番せんじでも、なおいくらかおもしろいかもしれないが、それはしょせん模倣である。新しい酒ではない。古い酒を温めなおして飲んでいるにすぎない。おもしろいことを発見するひとつの方法として、ここでのべているアルコールの醸造法があるというわけだ。

はっきり醱酵していれば、あと酒にするのは何でもない。これを第三者の理解できる表現にしさえすればよい。

ウィリアム・エンプソンは『曖昧の七型』で世界に知られる批評家だが、この本はケインブリッジ大学の卒業論文が土台になっている。数学専攻学生だったエンプソンは三年のときに英文専攻に転向する。その指導に当ったＩ・Ａ・リチャーズは後年、この名論文が生まれたいきさつを語っているが、それによると、先生のところへ三度目に訪れたエンプソンはシェイクスピアのあるソネットの多義性に夢中になっていた。リチャーズがそれをほかの詩でもやってみればおもしろいではないか、とひとこと口をはさんだ。それが引き金の役を果したらしい。さっそく論文にかかったエンプソンは、一週間ほど後にリチャーズに大車輪でタイプを打っていると報告、このまま進めてよいかときいて、励まされると、次の週には三万語に及ぶ原稿をかかえてあらわれたというのである。電光石火の早業であった。

テーマが醱酵するまではどれだけ時間がかかるかわからない。しかし、いよいよ酒の素ができたとなれば、あとは手間ひまはかからない。すくなくともアルコールを酒にするのはすぐにでもできる。一気に力作が形をなすことがあるのはエンプソンの例ばかりではなかろう。むしろ、この段階では下手にごてごて時間をかけない方がいいかもしれない。ゆっくり寝させ、あたためておいて、醱酵したら、つまり、考えた当人がおもしろいと思ったら、ためらうことなく、論文にしてしまうのがいい。さきに例としてあげた「母親不在の演劇」にしても、テーマを得るのには数カ月を要したが、テーマがはっきりしてからは、二晩か三晩で短いエッセイはまとまった。

自分でも同じ考えを二度することはできない。まして、ほかの人にまったく同じ問題があらわれたりするわけがない。放っておいても独創的になる。二人の人間がまったく同じ酒を造ることは、まずおこり得ないことである。妙に自分のアイディアを隠したりする必要はすこしもない。

このように知的な酒を造るには素材と着想と寝させる時間がそろっていなくてはならない。着想そのもののせいか寝させる時間の作用か、醱酵という化学反応がおこるが、この反応が有機的なものである点を考慮に入れるならば、頭の中でわれ人ともに酔う酒をつくり出すのと、口に入れて酔う酒を醸造することとの間には、たんなる比喩以上の関係が存在するのではないか、と思われる。思考にはポエジー（詩）がほしい。それがない思想は人を酔わせない。酒を造るとはポエジーの創造にほかならない。おもしろい論文とは、酒の含まれている論文である。

そんな話を毎年のように繰り返した。素材と着想をまぜ合わせ、それを書き込んで寝させるノートを教室へもちこんで見せたこともあったが、中身ははずかしいから見せられない。ところが昨年の秋、旅行先で知人にせがまれてつい見せることになってしまった。楽屋裏をのぞかれるようで気恥かしかったが、その人はかなり興味をもったようだ。

いままた、ここで、我流の思考法をくだくだのべた。年のせいですこし厚顔になってきたらしい。戒心を要する。しかし、自分がいいと考えることをことさら秘しておくのも我執のひとつではないかと思い直して披露することにした。

10 メモ

ノート取り

このごろ講演会はどこも女性の聴衆が多くて、なんとなく花やいだ空気がただよっている。たいへん熱心である。終ると、質問の時間というのがある。その質問に立つのも女の人がすくなくない。だいたいまがりなりにも質問が出るようになったというのも大きな変化である。かつては水を打ったように静まりかえって白けた雰囲気になったものだが、いまは、たいてい何かひとつふたつ質問があるのが普通になった。

そういうと結構ずくめのようだが、気になることもないではない。講演する人たちがいやがっていることに、メモがある。せっせとメモをとる人が目立つ。とくに女の人に多い。講師はどうしてじっと聞いていないかと思う。メモをとらないでうなずいてわかっていることを表明しようとする女性もある。念の入ったのは、うなずきながらメモをとる忙しさである。

講演は一方的に話し、聴衆はそれを黙って聞くコミュニケーションである。反応は外形にあらわれないのが本来の姿のはず。熱心に聞いているうちに、それではおさまらなくなると、何かしないではいられない。メモをとるのもそれであろう。うなずくのもその一環に違いない。心を動かされているのに、何もしないでじっとしていなさい、というのはいう方が殺生である。おとなしい聴衆はストイックで自己抑制をしているのである。

大学の講義でノートをとる。教師が、一語句ずつ区切って、筆記しやすいように自分のノートを読んでいく。時間が終ると学生は手がしびれるように疲れている。そのための大学ノートというものまである。ごく狭い範囲のことしか知らないから一般論は差し控えなくてはならないが、どうもこういう形式のノートの口述筆記はすくなくなっているのではあるまいか。多くの講義は、どちらかといえば、講演調に近いスタイルで行なわれるようになっている。学生はそれを全部ノートにとることはできない。それでは心もとないと感じる人たちは、こっそりカセット・テープレコーダーを教室にもちこんで、機械に〝ノート〟させる。

普通の学生のノートは、やや詳しいメモ程度になっている。それだと講義も講演とあまり違わない。もともと講義の意味のレクチャー（lecture）はそのまま講演にも用いられる語だが、最近の風俗ははからずも両者を歩み寄らせている。

ノートをとるのが意味をもっていたのは、記録の技術が筆写以外になかった時代のことである。いつか文房具店に入ったら学生がいっぱいいる。何かと思ったら、試験を前にしてノートのコピーをつくっているところだった。出来上ったコピーをその場でノートに貼っている学生もある。せんべいを重ねたようなノートになるが、あれを教室に持ち込んでいいことになっているのかと想像したりした。こういうことが流行しては、一言半句ももらさず筆記する、などということが色あせてくるのは当然であろう。

機械的に全部を写しとるよりも、要領よくまとまった概要（シノプシス）をつくる方がはるかに効果的である。ただ、重要なところを選び出すのは、丸々筆記するよりはるかに難しい。つまり、価値観と選択能力が求められる。全部書きとるよりもメモをとる方が高度の知的作業である。いわゆるノート取りがすくなくなってきたのは、その点から見て慶賀すべきかもしれない。

そのメモすら取らないで、ただじっとよく聴け、それが最上の方法である、と古くからいわれているが、これはなかなか勇気を必要とする。文字によるメモをとると安心して忘れてしまう。跡形もなく消える。直接、頭の中へメモしたことは、時と共に記憶がうすれ、あるいは、変化しはしても、本当に興味のある部分はむしろ、逆に大きくふくらむこともないではない。

講演会でメモをとっている人たちの何人が、ある時間経ってからこれを読み返し整理しているであろうか。ほとんどないと思われる。だとすると、紙を字でよごすだけのことになりかねない。しかも、字を書いている間、耳はいくらかお留守になるから、話の理解はそれだけ悪くなる。すくなくとも全体の意味はこまかい、部分的な注意によってぼかされるおそれがある。

人の話を聞くのに熱心なのは結構だといいたいけれども、むしろ、すこしぼんやり聞いていた方がよいともいえる。そういう頭で受け取って衝撃を受けるようだったら、おもしろい話である。眠くなったら、眠ってしまってもしかたがない。いい話を聞きながら居眠りするような頭なら、たとえどんなにせっせとメモをとっても、どうせろくなことが書けるわけがない。死ななければ直らない悪癖に染まったと観念するほかはなかろう。

頭の中のメモ

メモをとったあとの管理はメモをとること自体よりはるかに大変である。手帖に書いている人もあるし、ノートをつくっている人もあれば、このごろはカードや紙片を用意している心掛けのいい人もある。その場、その場はとにかく、三年して振り返って、メモが利用できるのはまず皆無としてよい。その場の気休めでしかないメモの何と多いことか。日頃から、そう思っている。役に立たないらしいものなら面倒なことはなるべくしない方が怠け者の性に合っている。ところが、そんな人間でも、むずむずしてくることがあるからおもしろい。

暮の何となくあわただしい日々のある日、郵便で届いた雑誌をえり分けていると、「母音文化と子音文化」という対談が目につく。その瞬間、これはおもしろそうだという直感が働いた。「人と国土」一九七七年一月号である。

片付けを放っぽり出して読んでみると、日本人の脳は欧米人と違った働き方をしているとあるから目をこする思いをする。たとえば、コオロギの鳴く声を日本人は言語を解するのと同じ左半球で受けとめて風情のあるものと感じる。それに対して欧米人は右半球で聴いて雑音の一種と解する。たんなる推測ではなくて、実験的にも裏付けられているというからますます驚く。こういう話をしているのは医学者の角田忠信氏で、その話を引き出しているのが音楽学者の小泉文夫氏。

虫の声を人間の声と同じに聴く脳の作用で日本人特有の感情と論理のからみも説明できるのだといわれるのを読んで、つい、うなった。日本語には日本語特有の論理がある。決して非論理ではないという私の持論にとっても思いもかけない好材料であると思った。近ごろこんなにびっくりさせられた日本人論はすくない。

はじめは手ぶらで読んでいたが、そのうち、重要なところ、おもしろい部分に鉛筆で線を引いた。おまけに、欄外へ気付いたことを書きつけた。読み終えて、傍線や書き込みを別にメモしようかとすこし迷った。日頃メモを愚にもつかぬことだと思っている人間がすっかり宗旨変えしたようで、自分でもおかしかった。これでは、懐手して読んでいろといわれても、じっとしていることは困難である。

結局、しかし、メモはとらないことにした。頭の中へごく大事なことだけたたみ込んでおく。それを忘れてしまうようだったら、もう自分の頭に愛想づかしをする外ない。そう考えたら落ち着いた。心配しなくても、大筋のところは忘れることはまずあるまい。頭の中のメモだから一年たち二年たつと風化してくるであろう。そのあとがどこまで教わったことで、どこからが自分の思考による加工であるか、誰にもわからなくなるかもしれない。しっかり記録をしておかないで、よそで読んだことを自分の考えのように錯覚して盗用という非難を受けることがあっても、まったく自覚症状がなくて、たまたま似てしまったのなら、それは自分の創造だとすることが許されてもいい。古来、天才の創造はおおむねそういう盗用を何がしかずつ含んでいる。われわれ凡人に天才の真似はできないにしても、他人のおもしろい言説はすべて自分の知的創造のヒントと思ってもいいのではあるまいか。そんなことも考えた。

「母音文化と子音文化」で興奮したあと、フランシス・ベーコンの『エッセイズ』で「真理」の章を読んだ。すると奇妙に副詞が多いのに気付く。真理は裸でいいはずなのに、なぜ副詞の着物を着て歩かなくてはいけないのか。しばらく考えていたが、どうにもわからない。

よし、これも頭にメモしておかなくてはいけない。ページの欄外に〝why adverbs?〟(なぜ副詞か)と書き入れる。そのとたんに、すこし前に読んだことが頭をかすめた。それはヴィーコというイタリアの哲学者のことで、彼はデカルトが絶対的な確実性を求めて数学に達したのに対する批判を加えた。デカルトが真理を表現するのに、文章上の特別の工夫は不要なばかりか有害だとして、レトリックを排斥したのに対して、ヴィーコはレトリックの深い意味を主張した。

そのことを清水幾太郎氏の著書『日本語の技術』で読んで、たいへんおもしろいと思い、頭にメモしてあった。ベーコンの『エッセイズ』の、真理を論じた文章に副詞の多いのに気付いて、ヴィーコが数学的真理は裸であってもいいが、人間の世界では真理は裸であってはならぬと考えたのを思い合わせた。ベーコンもまたヴィーコの徒であったのだろうかと空想して楽しかった。

紙に書いたメモはどこかへいってしまうとそれまでであるが、頭の中のメモ、メモリー（記憶）であれば、こういう風に思いがけない〝結婚〟がおこる。第三者から見れば何でもないような結合であっても、当人にとっては一閃、天地が明るくなるような気持になるものだ。

備忘録かアイディア・メモか

会議で観察していると、何でもかんでもメモをとる、俗にメモ魔といわれる人がどこにもいる。これは忘れないための、忘れたときに思い出すよすがとしての、備忘録なのであろう。他人の手帖をのぞいたことはないから、どういうことが書いてあるのかわからない。古い前例などが問題になって、メモをとっていた人の発言が決め手になるような場合をのぞいて、われわれは、そういうメモにたいした価値を認めない。もし認めるなら、面倒だなどといっていないで、やはりメモをとるに違いない。

それはともかく、メモ魔といわれる人たちは手帖をずいぶんたくさんつぶすだろうという見当はつく。私もかつて、年に何冊も手帖を使ったことがある。

手帖につけるメモには二種類あるように思われる。ひとつは、備忘録として、事実などをメモしておくもの、記録である。もうひとつは、頭に浮んだアイディアなどを書き誌しておくもので、これも記録、備忘録だといえばいえないことはないけれども、メモすることで、考えを発展させたり、他日の思考に手がかりを残すという意味合いの方が大きい。

会議で熱心にメモをとっているのは前者のタイプで、散歩の途中、おもしろい考えを思いついて、手帖に書きとめるのは後者である。調べてみたわけではないが、前者の方が多いのではあるまいか。

二十年ほど前、当時、私はかなりあわただしい生活をしていて、じっくりものを考える時間はないけれども、折にふれて考えたことをメモする習慣がついた。整理の下手な、保存の悪い人間だが、この手帖だけは全部手許にある。

残っているもっとも古いものは昭和三十一年度の手帖で、これは三省堂のポケット日記である。会合などの予定も記入してある。空白の部分が多い。ところどころ、当時関係していたある出版社のための企画の素案のようなものも入っている。その中に、たとえば、「ヴァリエーションの美学」「これを慣性の法則と結びつけて考えること」といった書き込みが見られる。すこし先のところには、芝居と戯曲の関係について、「卜書きが手懸りになる」と書いている。さらに、先のところには、ヨーロッパの十七世紀以前には個性とか性格は実在概念ではなくて、典型で人間を理解していた、ということを〝発見〟したように書いている。「笑いは突然やってくる」として、自分が急におかしくなって笑い出して困った例を並べたあと、「漱石『それから』八〇ページ」というのも見られる。おそらく、漱石を読んで、わが身にひきよせて解釈したものだろう。いま見て、そんなことがあったのかと思うほどすっかり忘れていた。

年の前半は、備忘録としてのメモが多く、したがって、空欄になっている日が多いのだが、終りになるにつれて、アイディアの記入、さきの分類では後者のカテゴリーに入るものがふえていく。すこしずつ手帖に考えを書きつける習慣を身につけようとしていることが書き込みの量によっても察せられる。

二十年たった今見返しても、なかなかおもしろいと思うものもちょいちょいある。思いつきは案外古くならないものらしい。所々に、××氏と会うこと、という予定が記入されているが、なかにはまったく記憶がなくてどういう用件で会ったのかはもちろん、そもそも、いかなる人物であったかすら覚えていないのがある。まことにもって申しわけない。それに比べると、考えたことを書いたものは、比較的よく記憶に残っている。

昭和三十二年度は博文館横線ポケット日記を使った。この手帖がよほど気に入ったらしく、それから毎年これを買い求めて昭和三十七年まで使っている。名刺入れとセットになったた皮製のぜいたくな手帖で、定価二五〇円とあるから、当時としてはかなりのものだ。こうした手帖はできれば毎年同じものを使うのが長続きのコツのように思われる。日記なども毎年違った型のものを使うと、どうも安定が悪い。新しさや珍しさという刺戟はときとしてマイナスになる。手帖や日記はなるべく変えない方がいい。

さて、昭和三十二年のメモは、どうしたわけか不振で、むしろ前年度より質、量ともに見劣りがする。その次の年度はすこしもちなおしているが、まだ白いページの方がはるかに多く、年間で、二十か三十の思いつきが書き散らされているにすぎない。

いくらか、手帖がメモ帖らしくなるのは昭和三十四年からで、当時、あたためていた試論の構想の断片が、ほぼ固まった形で書きつけられている。そうして、昭和三十六年度になって、はっきりした変化がおこる。

通しナンバー・システム

昭和三十六年度のポケット日記の四月二十四日のページを見ると、七九七、七九八、七九九、八〇〇という通しナンバーが頭に振ってあって、そのあとに、たとえば、「先入主は掩蔽《えんぺい》の原理となる・12・27」などと書かれている。最後の数字は記入の日付、頭の数字は年初めからのアイディア（と思ったものを含めて）の通しの数字である。

この年は手帖の最後のところから逆に前の方へ、考えたことをメモした。短いものは二、三行、長くても五、六行のコメントである。ひとつが終わると横線を引いて、次のものを書く、細字でぎっしり詰まっている。一頁に七つも八つも記入してある。一月に五七、二月に七三、三月に六三、四月に五一、五月に七四……という風に月に五十から百くらいの記入があって、大晦日にちょうど八〇〇になった。ラウンド・ナンバーにするために無理をしたのではないか、と思われるふしもある。

とにかく、こうして、昭和三十一年から六年目でようやく、アイディアをメモするのに自分なりの形式ができた。

昭和三十七年度のポケット日記は、行事や予定ははじめの一覧のページにちらほら書き入れられているだけで、もっぱらメモ帖になっている。全部がメモで埋っているが、おかしいことに、前年同様、手帖のいちばんおしまいのところから使い始めて①とし、逆行して前の方へ及んでいる。頭の方はまだ、予定などに使うかもしれないと思っていたのであろう。ところが、十月二十三日記入の一〇〇六番のメモで、この手帖ははじめのところまでいっぱいになってしまった。

しかたなく、二冊目の手帖をスタートさせた。これは頭から番号順に後の方へ向っている。もう博文館のぜいたくな手帖は買いたくても買える時期でもないから出版社のプレゼント用のを使った。この年は一年で一三〇七番に達している。年末の十二月二十九日には「すらすら読める文章にはイメージが生じやすい？」という記入がある。

昭和三十八年は不揃いの三冊を次々に使って、年間に三千二百のメモをつけた。日にほぼ十の記入をしたわけで、何をこんなに書くことがあったのかと自分でもあきれる。このころになると、たいていは、一項目一行の記入になっている。それと、すこしこみ入った問題だと、一つの問題についていくつもの断章的メモを続けることも始まっている。「プラクティカル・イマジネーション」と欄外に一括してあるのは二九五八番に始まって二九六九番に及んでいる。「実際的想像力」は実生活に役立つイマジネーションといったほどの意味らしく、創造的想像力と対比させている。ずいぶん無理なことを考えたものだと思うが、そのときはこれは、と思ったのだろう。字が躍っている。

昭和三十九年にはさらにふえ、手帖を四冊つぶして、五千項余りの記入がある。このころからすこし調子に乗った感じで、思いつくから書きつけるのではなく、何か記入したい、しないでいると、怠けているように感じるから、何かものにつかれたように書きまくったのではないかと、今から考えると、すこしばかり恥かしい。

昭和四十年から四十五、六年ごろまでは、毎年、五冊から六冊ずつ手帖を使っている。トータルが毎年、一万五、六千に及ぶ。一日に五十位の書き込みをしているわけで、どうしてそんなに書くことがあったのか、ますますわからない。さすがに質の方はかなり水っぽいものが混入している。それでも、見ていると、いまでもときおり考える問題があったりして、自分は結局、一生こういうことに興味をもっていくのであろうかと考えたりする。

いちばんいけないのは、このメモをつけっ放して、ろくに読み返しもしていないことである。幸い手許に残っているのだから、いつかたっぷり時間ができたら、そんなことはないというのなら、病気にでもなって入院というようなことになったとき、この手帖をしみじみと眺めたい。いちばん自分らしいものがここに眠っているような気がする。

手帖は年に五冊も六冊も使うものではない。どこでも一冊しかくれない。しかし、こうして使うとなると、一年分をまとめたとき大小がまちまちではおもしろくないから、できれば同じ社のもので通したい。それで知り合いの編集者にこっそり、もう二冊くれないかなどといって頼んだりした。数年の間、年末にもらうものでいちばんうれしいのは手帖だということが続いた。

昭和四十五、六年を峠にして、すこしずつメモの量がへってきたから、このごろはもう手帖の無心を申し出ることはなくなった。すこし淋しくないこともない。

11　ノート

少なめに

どこでも教えてくれないことというのが案外たくさんある。

いつかハイヒールをはいた女性の歩き方がいかにも無様である、もうすこし何とかならないものかという感想をもったことがある。しかし、考えてみると、他人様のことをいえた義理ではなくて、われわれはお互い、ついこの間まで下駄民族であった。ここ数十年のうちに靴の人間になったわけだが、まだ靴の歩き方が身についていない。体育の時間でも靴をはいたらどう歩くか、は教えてはくれなかった。それでいて、進歩という比喩的な歩き方は知っているつもりである。ただひとつ教育らしかったのは軍靴をはいて行進するオイチニくらいである。

大学では講義があって、教授がノートをつくってきて読む。それを学生が一語一句書き取るというのが戦前の習慣であった。このごろはそういう講義はほとんど影をひそめている。しかしそれでも学生は〝大学ノート〟といわれる大判ノートをかかえて学校へ行く。

教室ではノートをとる。昔のように、先生がゆっくり筆記できるように口述してくれるのなら世話はないが、ちかごろの多くの先生の講義のように、勝手にべらべらしゃべるのをどういう風にノートしたらよいのか。おそらくだれも教えてくれない。みんな我流で処理しているが、これが勉強の能率を大きく左右することはあまり考えない。

いつか、レポートの代りにノートを提出させたとき、その千差万別の様式に目を見張った。逐語的ノートでははっきりしないが、要点を書き留めるノートでは、こまかく何でも書いておこうとしたのよりも、どちらかというと、少な目に記入してある方がすぐれているように思われる。

戦前の逐語的ノートが全盛な時代の話だが、ある教授が講義をよく理解するにはまったくノートをとらないでよく聴いていろという忠告をしてくれた。これがじつによかったと述懐していた人のことを思い出す。ノートは何でも片っ端から書いておけばいいというものではない。そんなことさえ教えないで講義をしてきたのだからのんきなものだ。それくらい教えなくてもわかるはずだというかもしれないが、そのために多くの学生がどんな廻り道をしなければならなかったか。

学校の講義だけではない。しっかり読まなくてはいけない本だと、ノートをとりながら読む。このノートのとり方も見様見真似で基本的なことがわからないまま始める。それで、そのうちわずらわしくなって、やめてしまうことになる。

ここでも多々益々弁ずという方式が採られやすい。何でも役に立つかもしれないように思われてきて、余さず筆記しておきたくなる。そのうちに本を全部ノートしなくてはならないような気持にさえなる。これではノートの効果はないばかりか、むしろ理解をぼかしてしまい逆効果である。前の章で講演をきいてメモをとる人がメモに気をとられて話を理解していないことが多いことをのべた。それに似たことが、何でもノートしようとして本を読んでいる人にもあてはまる。

なるべく少なく、少なく、と心掛けてノートをとるのがノートの知恵である。それがわかっていないためたいへんな労力が無駄になる。

精神の履歴書

講義のノートも読書ノートもほかの人の言葉を記録することである。なまけものに都合のよい機械が発達したおかげで、一字一句ノートをとらないでもよくなりノートは変化した。教室へカセット・テープレコーダーをもちこむ。本を読んでいてこれはと思うところはコピーをとる。筆記だとたくさん写すのは骨だが、コピーをとるのは三行だけよりも一ページ全部とる方が好都合である。

自分の考えたことを忘れないように書き留めておく備忘録もノートであることには変わりがない。

あるときふと、この劇作家には、そばに妻がいなかったのではないか、という思い付きを得たとする。どうしてそんなことを考えたのかわからないだけに、そのままにしておけばどこかへ消えていってしまうであろう。さっそく記録しておきたい。

そういうときの目的にかなうノートをあらかじめ作っておくと、そこへ迷わず書き入れることができる。ただ、漠然としたアイディアを一行か二行書き込んでおくだけでは、あとで活用することが難しい。なるべく特筆大書といった形にして印象を強める。

そのために、ひとつひとつの考えに見開き二ページをあてがう。もちろん、はじめはそんなに書くことがあるわけではない。せいぜい十行かそこいらの分量しかないが、それをあえて二ページ全面に書く。ごちゃごちゃした書き方ではなくて、一行書いたら三行あけて次のことを書くというようにする。文章ではなくてなるべく見出し語のような表現にした方がいい。一目で見当がつくようでないと、あとあとの役に立ちにくい。

かりにさきの劇作家、というのはシェイクスピアのことだが、それについてこういうノートを用いるとすると、まず、見開き二ページの右のページの頭のところへタイトルを、たとえば〝シェイクスピア・遠い妻〟と書く。その下へ順序不同に思いついたことをつぎつぎ記入する。それはたとえば、〝単身出京、そこで生活〟、〝なぜ遺言で妻にセカンド・ベスト・ベッドしか与えなかったのか〟、〝妻不在のプロット、リア王、あらし、お気に召すまま、その他多数〟〝娘にとって母親不在の筋立て多し〟〝妻役が娘役に吸収されるドラマ〟〝無意識に妻を遠くへ押しやっている〟〝エレクトラ・コンプレックス〟などといったものになる。

こうしたトピックがどちらかといえば堅いものだとすれば、別にこれと併行して、もっと軟かいエッセイ風なトピックを記録するノートも作っておくと好都合である。テーマというほどではないが、ちょっとおもしろいと思ったことを拾っておくことができる。

「平家物語」を読んでいて、寒苦鳥という鳥にぶつかる。「たゞ平家の人々は、いつも氷にとぢこめられたる心地して、寒苦鳥にことならず……」寒苦鳥はインドの雪山にいるという鳥。夜は寒苦に泣き巣をつくろうとするが、夜が明けると暖気に夜の苦を忘れ、巣をつくるのもやめてしまう、と註にある。そこで、行き当りばったりの人間、場当り的人間の比喩としてこの鳥はなかなかおもしろいと感じる。そういうときはこのノートの方へ記入するのである。

こちらの方のノートは一つの問題に一ページをあてれば充分で、見開きで二つの問題を扱うことができる。見出しをつけ、あとは要点を同じようにバラバラと書きとめておく。

ものを考えたり感じたりしたとき、とりあえず記録するこういうノートはその人間の精神生活の履歴書のようなものである。このうえない貴重なものになる。ほかの本に書いてあることを写した読書ノートや講義ノートならかりになくなっても（実際なくなることが多いが）かけがえがないとはいうものの、類似のものがこの世に存在する可能性を残している。ところが、ひとりの人間が偶然のように考えたこと、というのは一回性のもので、一度消えたら永久に還ってこない。

毎日つけている日記はどちらかというと散文的で平凡な日々を記録するのに対して、ノートは自分の精神が高揚し発動したときの軌跡をとらえている。トピックやアイディアごとに日付を記入しておけば日記を補う役割をもつこともできる。

ノート選び

われわれはすこしノートを軽んじる傾向がある。ノートをつくろうと思うとありあわせの大学ノートなどを使うことを考えやすい。そういうことではノートは永続きしにくい。

なるべくしっかりした、高級なノートを求める。愛蔵するに足るものでなくてはいけない。あまりしゃれていて、あと同じものが手に入りにくいというのでも困る。そう考えると、ノート選びもいい加減にはできない。何冊かたまったとき、一冊一冊の大きさや厚さが不揃では整理したとき見苦しい。

そんな外見などどうでもよいではないか、というのは人の心を知らないものの言葉である。形而下のことが案外バカにならない重要性をもつ。

私は昭和三十二年から「研究ノート」というものをつけ出した。この名称は面映いが、勉強していて気付いたテーマを書くノートの仮称として自分だけの心づもりでつけたものである。

このノートへ記入される以前の段階に、いつも持ち歩いている手帖に書きつけたメモ群があって、それをまとめて、ここへ摘録するということは前にも紹介した通りだから、ここでは繰り返すことをしない。

そのころ私はある出版社の嘱託として雑誌編集に当っていた。その社で毎年英文日記を出す。ただ日付が英語で入っているだけで余計な目ざわりがなくて雑記帖として便利だからそれ以前からもメモ帖代りに愛用していた。それで「研究ノート」をつくろうと思ったとき、ごく自然にこの日記を選んだ。日記だから製本は堅牢である。しかも本クロースの装幀がしてある。紙質も上等だ。まずノートとしては最高級、しかも、毎年出るから品切れの心配もない。これに限ると思った。

はじめのうちは三年に一冊くらいしか必要でなかった。このくらいのペースなら、ノートの補給の心配はまったくいらない。編集部には年おくれの日記が何冊もごろごろしている。それを活用すればいい。

ところが思いがけないことが起った。出版社ではこの英文日記がすこし小型すぎると思ったらしく、大型に改めたのである。それまで小型のノートが六冊できていたからここでサイズが変わるのはいかにも残念だ。しかし、ないものはしかたがない。新型のに変えた。これがいつまた何どき型が変わるかもしれない。そう思うと不安だから、毎年余分に三冊も四冊も買っておいた。いま数えてみたらストックが十五冊ある。これだけあれば当分は安心していられる。迷信かもしれないが、とにかく、同じノートを使うことがノートづくりの秘訣のように思われる。

「研究ノート」は堅いテーマの備忘録である。くだけた問題を記録したものは「トピックス」と英語で表記したノートをつくった。これは昭和四十三年が第一冊で、まだ十年にならない。「研究ノート」の方は現在第二十一冊目になっているが、「トピックス」は第九冊目である。通し番号は、それぞれ二〇九八と一五四四に達している。

「研究ノート」には茶のハトロン紙でカバーをかけてあって、それに背文字を入れ第何冊目かの数字を明記する。これを順にならべておく。「トピックス」はこれと区別するために白い厚手の用紙でカバーをかけて、同じく背文字と番号が書いてある。これも番号順にならべる。両方で三十冊近くのノートが整列するのは見た目にも頼もしい。元気が出てくる。ただ、残念なのは、はじめの六冊だけ背が低いことである。

メタ・メタ・ノート

ここ数年、ノートについて新しい考えをもつようになった。これまで「研究ノート」と「トピックス」二種類のノートを作っておけば完全なように思っていた。それがすこし動揺し出したのである。

というのは、いまのようなノートではまだ洗練度が不足しているのではないかという不安が頭をもたげてきたからである。「研究ノート」もその前段として手帖のメモがある。その中からものになりそうなものをまとめて「研究ノート」に移す。

手帖のメモを第一次的ノートとすれば、「研究ノート」にとりあげられているのはメタ・ノートである。かなり昇華している。これで一応は満足していたのだが、もう一度ふるいにかけたメタ・メタ・ノートが必要なのではないかと思うようになった。

メモを手帖から「研究ノート」へ移すのはだいたい十日か二週間くらいの間である。それだけの間でもかなりの変化はあるもので、得意になって手帖に書きつけたことが、さっぱりおもしろくなかったり、さほどとは思わなかったことが興味ある問題へ展開していたりするということがすくなくない。量的ではなく質的な変化が起っている。

「研究ノート」の中身はその変化をくぐり抜けている。まったくのなまな着想ではない。しかし、さらに一年二年と経過すると、また微妙な変化が起るらしい。「研究ノート」の古いものを繰ってみても、そもそも、どうしてこういう問題に関心をもったのか、いまとしてはわからなくなっているものがいくらでもある。

それで「研究ノート」をもう一度総点検して、メタ・メタ・ノートを作らなくてはいけないと思い出した。ノートがふえるのを喜んでいるのはいかにも幼稚だと反省はする。

ただ、このメタ・メタ・ノートはこれまでと同じように普通のノートにするのは適当でないかもしれない。使いなれていないから、すこし、不安だがカードを使用しようかと考えているところだ。

その手始めとして、これまでのノートの一冊ごとに項目索引をつくってみた。そうすると関連のある同じような項目があちらこちらに散らばっているのがよくわかる。これを整理してメタ・メタ・ノートをこしらえるにしても、相互の関係を明らかにするのに困難がある。カードなら必要に応じて同一項目に複数のカードを作ることができる。

メタ・ノートを作って二十年目にして、ようやくメタ・メタ・ノートの必要に気付いた。こんなことは始めから教えられていれば何でもない。廻り道をしなくてもすんだであろうにと思うと癪にさわりもするが、すぐ、だいたい何でも教わろうとするのがそもそも誤りであると思いなおす。人間の知恵というのはなかなか進歩しないものである。

見出しづけ

学校の講義のノートでも全文筆記のものは別として要約ノートの場合、適当な小見出しがついているかどうかで後日の勉強に大きな違いが出てくる。ただ、だらだらと書いておくのではなく、まとまりをつけて区分し、それぞれの部分にしかるべき見出しをつけておくと、あとでの検索にも便利だし、頭の中へ入りやすくもなる。

ヨーロッパの古風な本には、欄外に要約のついているものがときどき見受けられる。ノートの見出しもあの要領である。

見出しはテーマや趣旨を浮きぼりにし、アクセントをつける。なるべくおもしろそうな表現にしておくと、内容までおもしろそうな感じがする。新聞や雑誌は見出しにこる。つまらぬ小見出しのついたノートはあとで読み返そうとする意欲をにぶらせる。どういう要約の見出しをつけるかで、後日の役立ち方がちがってくる。

見出しをつけるのもメタ・ノートの作業の一部になる。うまい見出しのつくものはそれだけ内容が成長したことになり、逆にいいタイトルや要約語の見つからないものは問題そのものが衰弱しつつあることを物語る。

もうひとつ注意しておきたいのは、見出しを複数にした方がよいということである。見出しは内容を絞ってつけるものである。それだから見出しの役を果すのだが、その反面、見出しでもれてしまう部分が残る。見出しだけではあとからそれを見つけることは不可能で、永久に葬り去られることになりかねない。そういう心配をすくなくするためには見出しを必要に応じて二つでも三つでもつけておく手がある。

あとで見つけるのに便利な手がかりをつけるのが見出しをつける目的だが、これがよく的を射ていないとかえって仇になる。あまりしゃれて内容を反映しないのももちろんおもしろくないが、そうかといってあまりそっけないのもよくない。一部だけをあらわすものも危険である。そう考えてみると、われわれに要約の能力が欠けていることがわかる。

外国語の読解力をテストするときも、逐語的意味を問うよりも文章全体に表題をつけさせる方が効果的なことがすくなくない。

われわれがせっせとノートを作っても、その割合には役に立たない。そのひとつの理由はメタ・ノート化されていないからである。見出しやインデックスを作るのもメタ・ノート化に欠かすことのできない作業であるが、これまた各人が試行錯誤をかさねて我流を編み出すほかに手がないのが実情である。

ふるい

本をそっくり引き写す。講義を一字一句もらさず筆記する——こういうノートはむしろコピーというべきである。わざわざ手を使って文字を書かなくても機械が肩代わりしてくれる。ノートから外して考えてもよい。

本を読み、話をきいて、大事なところだけを書き留めるノート。これは選択が含まれる。選択は価値基準がはっきりしていないと行なわれない。そういう基準をもって選択のできる機械はないから、こういうノートづくりはきわめて人間的な作物となる。

選択された結果のノートは、全部をそのまま引き写しにしたコピーとしてのノートに対して、メタ・ノートの性格をおびている。さらに、それを要約、あるいは整理したものはメタ・メタ・ノートになる。こうしてノートによるふるいにかける回数が多くなればなるほど知的に抽象化された内容になる。

何度ふるいにかけても捨てられずに残るものは、すくなくともその人にとってはもっとも安定した価値と結びついていると考えてよい。実際にノートをとるのはなかなか面倒である。ここは写しておいたほうがよいと思っても、長い文章を全部書くのは厄介だから要点だけ摘記するようになる。ノートにはこういう労力節約の原理が働いていて、何でもかんでも記録することを抑えている。それが表現の自然淘汰において重要な役割を果すことも忘れてはならない。

われわれは程度の差こそあれ、だれでも、なまけものにできている。わざわざノートにとったりするのはそれこそ例外中の例外に属する。多くは頭の中にノートしておく。それもごく大切なことだけしか留意していない。その記憶が時とともにどんどん薄れていく。

〝人の噂も七十五日〟という諺は世の中の人たちの頭の中に刻み込まれた大事件も二カ月もすれば消えることをいったものである。その間に人々は何度か頭の中でメタ・ノートをつくるであろう。たいていの噂はたいした価値もないからそのふるいにかかると捨てられる側にまわって消滅する。同じことは個人の記憶、つまり頭の中のノートについてもいうことができる。

大学の講義で、いっさいノートをとらず頭に入れておくというはじめに紹介した例は、はじめから目に見えないメタ・ノートをつくろうとしたことになるわけだ。

すべての表現や思考は、このノート化、メタ・ノート化の過程をくぐり抜けていかなくてはならない。普通のものは七十五日の人の噂と同じくらいに早く霧消するが、ときにはいくらメタ・ノート化のふるいにかかっても生き残るものがあらわれる。それが普遍的価値につながるのだ。

そのためには、かならずしもいわゆるノートを必要としないのはすでにのべた通りである。無形のノート、メタ・ノートなら、だれでも頭の中には何冊ももっている。

12 頭の中の料理法

料理の楽しさ

女性には料理嫌いがかなりあるらしい。食べものをつくるのはうっとうしく面倒だと思っている。どうしてもやらなくてはならないこと、義務と感じているからであろう。すこし見方を変えれば、料理ほど楽しいものはすくないことがすぐわかる。子供がままごと遊びに興じるのは不思議ではない。

子供のつぎに料理の魅力に早く目ざめるのは、義務と感じなくていい男たちである。材料が形を変え、味がつき、でき上ったものを皿に盛る。見るからにおいしそうで、食欲をそそられる。そのプロセスがまことに変化に富んでいる。でき上ったときにどうなるのかという見通しは、一種のインスピレーションである。白いカンバスに向って絵を画き出すのと似て、胸がわくわくする。

何かの拍子にそのスリルを味わうと、病みつきになって、じっとしていられなくなる。ゴキブリ亭主などというありがたくない名をつけられながらも、台所をうろうろする。

テレビの料理番組なども、実用知識のためとしてではなく、おいしさを創る芸術として鑑賞している人がすくなくない。おそらく、料理のおもしろさを広く男たちに教えたのはテレビであろう。目がこえてくる。一度腕をためして見たい、とひそかに思っている人は意外に多いに違いない。

料理の準備として、まず食料品の買い出しがある。この買いものがかっこうのレジャーであることはすでによく知られている。料理嫌いの奥さんも買いものはいやだとはいわない。男たちも日曜のつれづれ、奥さんのおともをしてスーパーを遊泳すると、素質のある人は一度で、買いものの楽しさにとりつかれる。

スーパーは普通の店と違って、何を買うのも自由で、ときには何も買わなくてもいい。店員がそばで見張りをしているわけではない。デパートとも違って気楽である。いったんカゴの中に入れたものも気が変われば、もとの棚へ返すこともできる。いろいろな品をあれこれとり合わせるのがまた楽しい。これほど無責任な選択を許してくれるところはすくないのである。スーパーの買いものに男が出ていくわけだ。

これまで、どちらかというと、わずらわしい家事の一部と思われがちであった、買い出しとか料理がなかなかおもしろいものであると発見するようになった男たちは、それほどまでに味気ない明け暮れを余儀なくされているということでもあろう。やがて買いものや料理は女性の専売ではなくなるかもしれない。現に料理研究家には男がすくなくないし、コックは男性ときまっている。ゴキブリ亭主もそんなに恐縮することはあるまい。

ただ、問題を料理に限らず、広く文化の次元において考えるとどうなるか。これはあまり気付く人もないようであるが、現代は料理の時代といえないこともない。知的創造を料理という角度からながめると、どういう形になるか。すこしそれを考えてみたい。

カクテル文化

酒を造るには、材料を仕込んで寝させて醱酵をまつ。化学変化である。頭の中でこういう新しい酒を造ることができれば、それは発見になる。

それに対して、いくつかの酒を混合してつくるのがカクテルである。バーテンは自分で酒を造るのではない。〝おつくりしましょうか〟とはいうが、それはブレンドをつくるということであって、アルコール自体はすでにできている。他人のつくった酒を混ぜ合わせて新しい酒を造る。酒そのものを造る創造と比べて、いかにも末梢的である。それで、さきの章では、地酒を造れ、カクテルはいけない、ということを書いた。

しかし、カクテルを頭から酒でないときめつけてしまうのも窮屈な話である。カクテルにもそれなりの捨て難い味がある。〝つくり〟方によって、さまざまな個性も出る。

生一本の酒はほかのものと混ぜ合わせるわけにはいかない。われわれの生活において、生一本のようなものは、考えてみると、ごくごく少い。たいていはほかのものが混入している。まじり気のない方がいいというけれども、ときにはカクテルにしたときの方が味がよいこともすくなくない。

酒を造るのが一次的創造ならば、カクテルを作るのは二次的創造、調理による創造となる。ナマのまま食べるのがもっともうまいというものもいろいろあるにはあるが、それでも、たいてい何らかの調理を加える。こういう営みが人間の文化を築いてきたのである。

社会が複雑になると、創造の様式も昇華される。ひとつには、無から有を生じるような一次的創造が容易でなくなってくる。一次的創造とならんで二次的創造が重視されるようになる。そして、たとえば、デザイナーという職業が確立する。服装においても、生地がものをいう和服のようなものもあるが、素材よりデザインで勝負する洋服のようなものでは、デザイナーの地位はきわめて高いものになる。

料理はいまのところ、まだ、和服に似たところがあって、材料のよしあしで勝負がきまることがすくなくない。もっとも、発達した料理では素材もさることながら、調理がものをいう洋服のようなものに近くなると考えられる。

地酒、生一本しか認めようとしないのは、一次的創造のみを貴しとする考えである。加工に創造を認めるならば、カクテルのおもしろさも肯定されるだろう。カクテルを作る芸が地酒を造る術と比べて、かならずしも低いものではないこともわかるはずだ。ナイロン繊維をつくり出した技術者とクリスチャン・ディオールとを比較して、どちらがクリエイティヴであるかは、にわかには決し難い。

料理に関心の高まっている現代はカクテル文化を特色としているといってもよかろう。現代における知的生活は思考のカクテルを求める生活である。それがたんに模倣に終らないところが、これまでと違ったところである。

すぐれたカクテルを作るにはどうしたらよいか。現在の教育はそれを教えようとしている。麦からビールをつくるのはどうするのかはほとんど教えない学校だが、これまでにできたもろもろの名酒を紹介することにはじつに熱心である。ただ、学生はその名酒のレッテルを集めて満足しているというところがあった。ところが、そういう機械的記憶にはさして意味がないことがわかってきて、にわかに創造が問題になり出したのである。

酒のセールスマンのようなことをしていた教育に、本ものの酒を醸造してみろといってもできるわけがない。それで、知的創造としてカクテル作りを教える。しかし、かならずしも満足すべき程度には達していない。本当の料理に比べてもなお相当遅れている。一方においては、二次的創造は一次的創造に対して下位に立つものだという固定観念も消えていない。

ヴァリエーションの創造

酒そのものを造るのは独創である。酒を加工、混合して新しい酒にするのは独創ではないが、しかし、それで新しい味を出すことができるならば、一種の創造ではある。ヴァリエーションである。

近代文化はいわゆる独創によって大きく前進してきた。質的変化のみが社会を変化させるという信仰が根をおろしている。量的変化のヴァリエーションは何か古くさいもののように感じられる。しかし、飛躍をともなう一次的独創がそれほどしばしば日常的に起るわけがない。発見、発明は偶然とインスピレーションと天才の産物ということにして、凡人はその模倣をこととしたのである。ヴァリエーションが重要な創造の原理であることを、ともすれば忘れがちである。

A・B・C・D・Eという形式のものがあるとする。繰返し使われていると、これは型になる。これを任意に変えることはできにくい。そのときA・B・C・D・Xとすると、EをXに変えるだけできわめて大きな新しさを出すことができる。そこではA・B・C・D・Eの型とそれを破ったA・B・C・D・Xとが同時に認識されて、二重奏的効果になる。

古くから型のきまっている演劇などにおいて、ほんのちょっとした演技の工夫が全体の劇的効果を大きく高めるような場合、これをヴァリエーションの創造ということができる。型を尊重しながら、型を出る方法である。初めから新しいものを一挙に打ち出そうとするのに対して、これは一見、いかにも退嬰的に見えるかもしれないが、人間にとってはより自然な方法だとも考えられる。

音楽におけるテーマとヴァリエーションは、量的変化が新しいものを生み出す創造になりうることを暗示している。原型にすこしの〝ひねり〟を加えることで、たんなる繰返し、模倣ではなくなる。いくらか食べものに味をつけたり、調理をしたりするのに似ている。〝加工〟のおもしろさだ。

本に書いてあることをそのまま覚えるのは芸がない。多少の塩をふりかける。あるいは、ペッパーをかける。焼いてみる。煮てみる、ということをして自分のものにする。料理によって味をよくすることができれば、それはヴァリエーションに成功したことになる。

あるいは、ほかのところで得た知識を混ぜ合わせてカクテルを作る。その口あたりがよければ作り手の手柄になる。われわれは日頃、気付かずに、こういうヴァリエーションを無数に作り上げているに違いない。これこそはわが独創なりと胸を張るような考えも、よくよくもとを調べてみると、思いがけないところで仕入れた素材が出てきて、発見ではなくて、加工、調理のヴァリエーションであった、とわかることがすくなくない。

このように考えてくると、本当に無から有を生じることがあるのだろうか、と疑わしくなってくる。ヴァリエーションの変化の程度の大きなものが独創であって、両者の間には量的な違いしかないのかもしれないと考えるようになるであろう。

補色の原理

点描画法（ポアンティイスム）という絵の画き方がある。印象派の人たち、ことにモネやスーラがこの画法で有名である。

ひとつひとつの色をパレットの上で混ぜるかわりに、画面の上にとなり合わせに並べる。これをすこし離れたところから見ると、互いの色が混ざり合わさった色として目にうつる。しかもそれぞれの色のもっていないような輝きが出る。これを視覚混合の効果というのだそうだが、ポアンティイスムはその効果をねらった技法である。

たとえば、緑色と紫色をパレットの上で混合すれば、にぶい灰色になるが、点描によって並置すると輝いた真珠色に見える。対比によってそのようなことが起るらしい。

一つのものが他のものと近接しているとき、対比によって、互いに引き立て合い、助け合って独特の効果を出す。この場合、色が対比させられると、「補色の原理」がはたらく。補色の原理を簡単に説明すると、二つの異った色をならべて同時に見ると、二つの各々の色は、それ自体とは多少とも違って見えるというのである。その違い方がとなりの色の補色をふくんだ色になるところから、補色の原理という名がある。

となりにどういうものが来るかによって、そのもの自体の意味合いも違ってくる。色なら違った色に見える。近いものに影響されやすいのである。

同じ本を読んでも、まったく反応を示さない人もあれば、ひどく感動する人もある。もちろん本には本の固有の意味があるが、ほかのものと無関係に存在しているのではない。読者の頭の中へ入って、ほかのことがらと並べられたとき、相互作用がはじまる。互いに引き立て合って輝きを出すこともあれば、逆に相殺して、もともとはあった光沢を失わせてしまうこともあるだろう。

何でもないことが、大発見のきっかけになるというのはよくある例だが、となりに引き立てるものがあらわれるまで、考えは眠っていたのかもしれない。何と何をとなり合わせに並べたら見違えるような輝きを出すのか、絵画のポアンティイスムのようにははっきりとは分っていない。それで、すばらしい結合は偶然のきっかけを待つことになる。そのきっかけがインスピレーションによるといわれたりする。

頭の中のとり合わせはともかく、同じ理屈は日常の身近なところではかなりよく理解されているのではないかと思われる。
また料理の話になるが、膳の上に何を何のとなりに並べるか、老練な料理人は間違うことはない。料理の一品一品が互いに引き立て合い、見た目にも美しく食欲をそそるように配列する。焼き魚に紅しょうがが添えてあるだけで、感じはまるで変わってしまう。

それ自体はさほどではないことのように思えることでも、となりに新しいものを置くと、急におもしろくなることはある。しその実はそれだけ食べてもそれほどおいしくないかもしれないけれども、しるこの膳に小皿にのってあらわれると何ともいえない風味である。われわれはしその実を梅干といっしょにして、つまらぬものだときめてしまうようなことを案外しばしばやっているのではあるまいか。しその実をしるこの相手にするのはりっぱな創造である。初めてこれを考えた人は詩人であったに違いない。

料理はこうして見ると本当は詩人を必要とするはずである。実際に料理の上手な人はものごとを考えるときにも、おもしろいとり合わせの妙、モンタージュの効果をあげることができていい道理である。つまり、二次的創造は料理から知的活動にまで広く及んでいるということである。

エディターシップ

われわれはめいめいそれほど違ったことをしているのではない。だれでも朝起きて、食事をして、仕事に出かけて、夜になれば寝る。読むものにしても、ほとんどの人が新聞を読んでいるが、その新聞も似たりよったりのものである。テレビになるとさらに変わりばえのしないものをみんなが見ている。それなのに、個人によって、ものの見方、感じ方が大きく違っている。生活を構成している要素そのものはあまり違わないのに、まとまった全体の結果はひどく違うのである。

われわれの人生は雑誌の編集を思わせる。かりに、二人の編集者が同じ原稿をもとにしてそれぞれの雑誌を作るとしよう。相談しないかぎり、かならず違った誌面になる。同じ原稿を使っても、いかにもおもしろそうな目次づらになるかもしれないし、反対に、地味で見栄えのしない配列にするかもしれない。何をどのように並べると、ポアンティイスムのような効果があらわれるか、理屈はわからなくても老練の編集者なら勘で知っている。その勘がエディターシップである。

エディターは自分で原稿を書かなくていい。ほかの人に頼んだ原稿を全体にまとめる能力が求められる。料理の腕である。かつては編集はノリとハサミの仕事だといわれた。それは二次的創造に気付かない時代のことである。おそらく、そういう時代では料理の価値も本当にはわからなかったに違いない。

われわれは毎日、自分の一日という雑誌を編集しているようなものである。部分のひとつひとつは外部から与えられたり、押しつけられたり、他人のものを借りたりしているのだが、それに順序をつけて、一日の中へ収めるエディターシップにおいては独創的であり、個性的でありうる。いかなる人も他人とまったく同じ一日を過すことはできない。

それが実り多き一日になるか、ただ夢のように消える一日になるかは、同じ材料を使ってもおいしい料理になるか、ならぬかが分れるのによく似ている。

一日一日がひとつの雑誌であるばかりではなく、一月も一年もやはりそれぞれに雑誌である。われわれは一生かかって、きわめて複雑で大きな雑誌を編集しているのだともいうことができる。自分では何ひとつ新しいことをしなかったと思っても、知らず知らず人生を編集することで、りっぱな創造をしている。こういう創造をしていない人はいない。ただ、それに気付いているかどうかである。

本を読んですぐれた思想や新しい知識に触れる。それをわがものにして、日常に生かしていく。一見まったく模倣のように見えるかもしれないが、これも目に見えない二次的創造、エディターシップである。われわれは自覚しないところでずいぶん創造的なのである。

知的料理人になる

解釈という料理があるといったら、おどろかれるかもしれないが、解釈も料理とかなり似た性格の営みである。

テクスト（原文）がある。そのままではわかりにくいときに解釈が行なわれる。小学生が読む本では解釈が問題になることはあまりない。意味がはっきりしていて、それを知らないだけ、というところでは解釈の余地はないからである。

そのままでは理解できない。しかも、いくつかの理解のしかたが考えられるときに解釈が大きな役割をもつ。ちょうど、ナマでそのまま食べられるものには料理の必要がなく、そのままでは食べられないか、食べてもおいしくないようなものについて料理人は腕をふるうことができるのと同じである。

たかが解釈くらい、と考える人がいる。原典、テクストこそ重要で、それに加えられる解釈はあくまで二次的意義しかもたない、というのが一般的受けとり方であろう。しかし、解釈という料理いかんによっては、生きているものが葬り去られ、半死半生だったものが復活することもないではない。

いまから三十年前までは、一般に江戸時代はあまりおもしろい時代ではないと思われていた。徳川家康はいやなタヌキ爺というのが常識であった。それが先年から、新しい解釈が広まってきて、いまでは江戸時代はただ時代劇の舞台ということからだけでなく、文化的にも歴史的にもきわめて興味深い時期となりつつある。徳川家康も経営の天才であったという解釈まであらわれて、イメージが一変した。

時代や人物は歴史的には不変であるが、後からあらわれる解釈によって、魅力的なものにも、逆に、うとましいものにもなる。歴史は後世の書くものである。後世の解釈で料理された事実が歴史となる。解釈は高度に創造的である。

学者とか批評家というのも知的料理人だということができる。ナマではわかりにくいことを適当に解釈して、口に合うようにする。もっとも中には、新しい材料を発見したり、創り出したりする学者、批評家もないわけではないが、たいていは、すでにある材料に新しい味つけをすることによって独創的となるのである。そして、そういう仕事が人間の歴史を変えてきた。これからも変えつづけるであろう。

学者や批評家だけでなく、人間はすべて、目に見えない、文字にならない解釈という料理によって、二次的創造を行なっている。この二次的創造が一次的創造に劣らず創造的であることは、すでに、映画監督、オーケストラの指揮者などによって証明ずみである。料理に関心の高まっている現代は、二次的創造の知的料理法の意義を理解するのに、もっとも適した風土をもっているということができる。

あとがき

ふたこと目には〝考える〟と言うくせに、〝考える〟とはどういうことか、考えることもないのだから呑気である。〝思う〟のと〝考える〟のは、どう違うのか。〝知る〟と〝考える〟は、なぜ仲がわるいのであるか。そんなことをセンサクするには、人はあまりに多忙であるらしい。

知識を身につけるのも、りっぱな知的活動であるが、それはいわば受け身、よそのものを借り、模倣することである。自分の頭でものごとを思考するのが知的創造である。

コンピューターがあらわれて、知識の記憶、再生が人間の独占ではなくなったことを、いまだに気づかずにいる人が多い。情報処理の能力では機械の方が人間よりはるかにすぐれている。

人間らしい人間であると、胸を張って生きていくためには、機械のできない〝考える〟ことをしなくてはウソである。〝考える〟ことを考える必要がある。

〝考える〟のは知識を覚えるよりも難しいこともあって、これまで正面切って、教えるところとてなかった。学校は知識専門で、ほとんど〝考える〟ことをしない。多くの人が、まったく知的創造ということと無縁であるというのは、考えてみれば、ずいぶん情けないことである。ひとりでも多く、「われ考う、ゆえにわれあり」（デカルト）と言いうるようになってこそ、文化の進展を望みうるようになるであろう。めいめいが、まず、考える、を心掛けなくてはならない。

この本は、考えようとしている人たちに、気をつけておいた方がよいこと、頭の準備などについての知識を提示したものである。貧しいながら著者の経験と、それにもとづく工夫が含まれている。いくらかでも参考になれば幸いである。

本書は、『知的創造のヒント』（講談社現代新書、一九七七年刊）を原本として再刊されたものである。ほぼ原本どおりで、大きく変ったところはない。旧版は多数の読者にめぐまれたが、この本も多くの新しい読者に迎えられることを願っている。

ちくま学芸文庫の一冊となるに当り、筑摩書房編集部大山悦子氏、高田俊哉氏のお世話になった。ありがたくあつくお礼申し上げる。

外山滋比古

二〇〇八年　朱夏

◎特別講義

先生に聞きたかったこと
若いあなたへ伝えたかったこと

――外山滋比古「東大・京大講演会」質疑応答より

Question 1

詰め込んだ知識を忘れようとすると、僕は瞬く間に単位を落としそうです。どうすればいいですか？

東大生Aさんより

外山先生のご著者で「忘却」が大事だというお話にとても刺戟を受けました。ですが大学教育はいまだに知識偏重だと思います。先生のおっしゃる「必要のない知識を忘れよう」を実践すると、僕は瞬く間に単位を落として留年してしまうんですが、どうすればいいでしょうか。また、これからの大学教育はどのようなかたちであるべきか、大学生はどのように学ぶべきか、教えてください。

Answer 1

集団単位ではなく一人一人で考える

「大学や大学生がどうあるべきか」ということについて考えは持っていません。これからの新しいことは、大学とか大学生とか、そのような集団、グループ単位で考えていくのではなく、完全に「個人」で一人一人が考えることです。

現在の制度が望ましくない状態ということはありますが、そんなことを考える必要はまったくありません。今の環境で得られるものをしっかり身につけ、あとは自分で創造していくことが大事です。

「学校で学ぶ」ことには相当な価値があります。それを身につけ、そして適当に捨てて、残った〝知識〟を個性化していく。その先に新しい〝思考〟があります。

もともと、われわれは優れた思考力を持っています。特に幼少期にすばらしい力を持っていました。その力を忘れてしまっているだけです。これを完全に復活させることは不可能かもしれませんが、もう一回その能力を取り戻すことはできるのではないかと考えています。

ルネサンスは、一度死んでしまった古代ギリシア、ローマ文化を新たな形で復興しようというものでした。それにならい、われわれも思考力をルネサンスする。記憶力もルネサンスする。子どものときには持っていたはずの理想的な力を、惜しいことに失ってしまい、今はほとんど回復の余地がありません。しかし、ただ手をこまねいているのでなく、新しい創造力と空想力、判断力、工夫、先を読む力、洞察力、そうした色々な精神活動を活発にすることで、クリエイティブな力を手に入れることができるのではないでしょうか。これは個人の努力によってなしうるというのが私の考えです。

途中でやめる読書のすすめ

最近、本を読まない人が多いと聞きますが、たいへんによいことだと思います。本を読み過ぎますと、どうしても独創性がなくなり、旧来の文化に引きこもります。

だから余計なものは読まないほうがいいのです。読むとしても、本当に価値のあるものだけを手に取り、「これはすごい」と思ったのなら、あえて最後まで読まない。途中でやめてしまうのです。そうすれば、そこから先がどうなるのかわかりませんから頭の中で考え出します。

最後まで読んでしまうと、それを全面的に受け入れて、頭の中に記憶して、「あの本にこう書いてある」「あの人がこう言っている」と、知識として蓄積されます。そうすると本に書いてあるものを乗り越え、塗り変えていくことは困難になってしまいます。

そうではなくて、半分まで読んで「胸が躍り面白くてたまらない」という本があったなら、そこで意を決してやめるんです。すると労せずそこから先への自分の考えが生まれてくる。たとえば自分が電車に乗っていたとして、その電車が急停車すれば、電車の外へ放り出されますね。放り出された先というのは、電車ではたどり着かなかったところへいっている可能性があります。だから、素晴らしい、面白いと思える本に出会えたなら途中でやめる。これは思考を生み出す一つの方法です。

つまり、他人の意見や考えに半分は乗るんです。しかし最後までは乗らない。最後までいってしまうと、その人に飲まれてしまうだけです。そうならないためにも、あえて「途中でやめる」。自分の頭のエンジンをかけてもらえばそれでいい。エンジンさえかかったら、そこで本を閉じる。

この勢いに乗ってその先を自分で想像してください。それは作者も本に書いていないことです。これは最も簡単に独創的になれる方法であり、思考力を高めることができるのです。

Question 2

外山先生が〝忘却の力〟に救われたと思ったのはどんな体験からですか？　また、おいくつの頃ですか？

東大生Bさんより

外山先生は「忘れることの大切さ」を説かれていますが、ご自身が〝忘却〟を意識するようになったのはいつ頃からですか？　印象深いご経験についてお聞かせてください。忘却の力にどのように助けられたのでしょうか？

Answer 2

記憶力の悪さがコンプレックスだった

そもそも私は記憶力が非常に悪いんです。大学で教えていた頃は、学生の名前を全然覚えられないんですね。たいへんに悩み、コンプレックスになっていました。

ちょうどそんな頃にフランスの哲学者モンテーニュを読んでいたら、こんなことが書かれていました。「自分は極めて記憶力が弱くて何もかもすぐに忘れてしまう」と。でもそんなことはにわかには信じられず、はじめは疑問でした。モンテーニュは誰もが認める知の巨人です。彼の著作『エセー』は古典、史書からの引用で満ち溢れており、あれほどたくさんの詩句や範例を引用していながら、当の本人が、私は記憶力が弱いと打ち明けている。これは一体どういう了見なのか。

じつは膨大な引用は、読んだそばから自分の思いつきを添えて記録していたからできたのであり、このメモは今もちゃんと残っています。しかし、自分の頭の中ではどんどん忘れていた。だからこそ自由にいろんなことを考えられた。ほかの人たちが知識にとらわれているあいだに、彼はそれらをすぐに忘れてしまったから、余計な知識にとらわれることなく自分の頭で考えることができた、というわけです。

モンテーニュは恐らく近代において、最も幅広い視野で人間をとらえることができた哲学者です。それができたのはモンテーニュが、日々多くのことを「忘れていた」からなのです。決していい加減に「私は記憶力が弱い」と言っているのではない——そういうことを知ったのは私が五十歳ぐらいのときでした。それでちょっと勇気を持ちました。

「つう・かあ」の効用と弊害

それまでは記憶力が弱いことに、ずっと悩まされていました。それを克服するためにいかにして記憶するべきか、いろんなやり方で工夫しました。

たとえば、ものを覚えるときには、目で見て、手で書いて、口で言って、これを繰り返す。そうすれば記憶できる。これは確かです。読書も同じです。読んだものをもう一度、読んで、書き写し、声に出して読む、ということを繰り返す。そうすれば大体が記憶できます。

その代わり、自分の思考力は停止します。これが行き過ぎると弊害も出てくる。繰り返すことで定着した記憶は、一種の反射的作用を生みますから、ある刺戟、文字なり情報なりに触れたら瞬間的に結果に結びつく。つまり途中経過がないわけです。知識がどのように形づくられたのか、記憶をたどってみるという過程を全部落として〈「つう」と言えば「かあ」〉と通るようになる。ある意味で最も効率がいい学習です。われわれが子どものときに、こうした「つう・かあ」の能力を発揮して色んなことを覚えていくわけです。

たとえば自転車に乗るなんて最たるものです。「どうして自転車に乗れるようになったの？」と子どもに訊いても説明できない。だけどちゃんと乗れる。目の前の自転車にまたがれば自然に漕ぎ進められる。

シャツのボタンをはめることだって複雑な作業ですが、四歳ぐらいになると、多くの子どもたちができるようになる。それは記憶をしているのではなくて、繰り返しているうちに体の動きがパターン化し、一連の動きが記号のようになってゴールに直結する。頭の作用を必要としない思考作用が無意識の行動となって結果になる。

そういう無意識が、人間の日常生活には、たくさんなくてはいけないのです。すべてのことをじっくり考えていたらキリがない。一つのボタンをはめるのに、どんな手順でやればいいのか――この高さにボタンをもっていって、この角度から入れると穴を通るとか――いちいち考えてボタンをはめていたら、頭がおかしくなってしまいます。ボタンは「反射行動」でいいのです。

しかし、人生にはそれだけではすくい取れない大事なこともあります。反射的なものを少なくしてあげないと見えなくなるものがあります。

たとえば「幸福」について考えてみてください。

もし仮に「自分の幸福は○○だ」とすぐに答えが出るとしましょう。このような人は「幸福とはいったい何なのだろう?」ということを、まともに考えもせずに生きていることになりませんか。これではちょっとつまらない。

ある意味では「幸福」ということを絶対的に信用できているともいえますが、裏を返せば「幸福」という言葉にとらわれてしまっているともいえます。何かを信用することは、何かにとらわれていることであり、答えにたどり着くまでのプロセスを手放すことでもあるのです。

幸福は忘れるわけにいきませんけども、かなりのものを忘れたことにして省略できれば、ある意味、始末がいいということなのでしょうか。

〝暗黙知〟に頼らないために

この「反射的なもの」を社会学の人たちが〝暗黙知〟といって非常にありがたがっているようですが、人間にとって暗黙知はほどほどでよいのです。これはいわば条件反射のようなものであって動物も持っている。だから人間は、暗黙知でなく「言語力」が問われるべきです。言葉や刺戟に対して、どう頭を働かせていくか、そのプロセスこそが「考える」ことですから。

学校の勉強、ことに小、中、高ぐらいの勉強というのは、暗黙知で「この問題が出たら答えはこうなる」という具合に途中のプロセスをほとんど問題にしない。〈問題→答え、問題→答え、問題→答え〉の繰り返し。常にこのような頭の使い方をしますから、長く勉強すると思考力が活発でなくなる。昔はごく一部の人だけが高等教育を受けていましたから、知識の害はあまりなかったのですが。近年、多くの人の学校教育における教育年限が長くなったことで、その弊害が生じています。

暗黙知に頼りきりにならないためには、積極的にものを忘れる必要があります。

生まれつき物忘れのいい、記憶力の悪い人は、恵まれているのです。こういう人たちは思考力が早く伸びる。一方で、学校の成績が優秀な記憶力のいい人は、積極的に忘れようとしないと、新しいことを考えることできませんから、いかにして忘れるかということを大いに研究するべきです。「自分の忘れ方」が見つかれば思考力を伸ばすことができるかもしれません。

吐いて吸うのが呼吸、マイナスからプラスへ転じるのが人生です

人間には、日の出とともに起きて、日没とともに寝るという原始的な生活がありました。ところが近代以降、夜の時間が非常に延びたことで、いろんなことができるようになり、同時に人間の生物的、生理学的、心理的なストレスも増える一方です。

一日生活していると過剰な情報、刺戟、知識というものが入ってきて疲労も重なる。その状態でさらに記憶をしたり、理解をしたりすることは非常に効率が悪い。

ここで〝呼吸〟の話をします。ラジオ体操で「息を大きく吸って、吐いて」と

やります。医者も患者に「はい、ちょっと息を深く吸ってみて。はい、吐いて」なんて言います。しかし本当の順序は逆なのです。

本来は「吐いて吸う」。〝呼《こ》〟は吐く。〝吸《きゅう》〟は吸うの意味。〝呼〟のあとに〝吸〟がある。この順序を間違えたら〝呼吸〟は成立しません。腹の中の空気を全部吐いて、すっと吸って、またゆっくり吐いて、すっと吸う——これが呼吸です。

中国の人は「呼吸」という字を考えたときに、〝吐く〟のが先であり〝吸う〟のは後であるということを知っていました。それが現代のラジオ体操においては、吸うほうが先になっています。これは間違いです。

〝忘却〟と〝記憶〟も〝呼吸〟と同じ関係にあります。「記憶してから忘れる」のでなく「忘れてから記憶する」。そうすると効率がよくなる。記憶したものは必ず忘れますが、あらかじめ忘れておいた頭で記憶するのです。あくまでも「マイナスからプラス」の順番です。多くの人はプラスがあってマイナスと思い込んでいますが、これはいけません。マイナスからのスタートです。

人生もそうです。非常に小さいときにマイナスの条件がたくさんある人は、必ずプラスへ行くのです。ところがプラスから始まると、いつかは必ずマイナスへ転じる。この順序は、われわれの体が昔から知っているはずなのに、「最初はプラスだったものがマイナスされてしまって苦しい」と思ってしまう。

記憶と忘却の順番も同じです。まず忘れることから始まる。そのあとに記憶する。そして、それを忘れたら、新たに記憶する。この順序をわれわれの体は知っているはずなのです。

〝忘れる〟ことの大切さに気がついたのは、〝考える〟ことについて考えている過程においてでした。初めは忘却のことなど考えていなかったのですが、知識を記憶するとはどういうことかと考えていたら、プラスとマイナスの比喩にたどり着きました。さらにコンピューターに勝つにはどうしたらいいのかと考えるうちに、やはり忘却が一番有効な武器であると思い至りました。

Question 3

知識の呪縛からは解放されたい。でも、学びを手放したくはないんです。忘却と学びは両立するのでしょうか?

京大生Aさんより

創造的な思考のためには忘却が必要とのことですが、私自身勉強を続けていくとどんどん知識が増えてきて、知識を増やすことが習慣化してきて、かつその知識を増やすことに喜びを感じて、それが麻薬のようにずっと頭の中に残っています。

いま勉強することが楽しいのですが、一方で勉強することにより知識ばかりが増え、それに束縛されて自由な思考が出来なくなるということも感じるときがあります。ただ、自分がいままで培ってきた知識というのは、自分が死なない限り自分で払拭することはできないような気もします。

そういう状況の中で、いかに自分の見方や先入観を払拭することができるかが、先生のおっしゃる〝忘却力〟であり、新しいことを創造する力につながっていく。そう理解しています。しかし、結局は学ばないことには世界は広がりません。学ぶこととクリエイティブであることは、ものすごく矛盾しているようにも思います。忘却しながら、かつ学び続けるためにはどのようにすればいいでしょうか。

Answer 3　賞味期限の短い知識からゴミ出しを

まず、知識というものは〝学び〟の要素の一つにすぎません。このことに気づいてはじめて学びの本質に近づくことができるのではないでしょうか。

われわれは大体において、知識というのは善であると考えてしまう。学校の勉強も知識を増やし、知識を身につけることを目的としています。しかし、知識の中には、賞味期限の短い知識というものがかなりあります。賞味期限の短い知識を一生かけて持ち続けてもほとんど意味がありません。

人間はもともと適当な忘却作用を働かせていたはずです。賞味期限が過ぎたもの、面白くないもの、役に立たないものはどんどん忘れていく。これは人間が持ち合わせている優れた能力です。ところが、忘れないでたくさん覚えていれば、覚えているほどよいという量的な知識信仰がこれを邪魔しています。

昔は、日常の中で生活ゴミがあまり出ませんでした。それゆえゴミを定期的に処分しなければいけないということを、あまり考えずにいたわけです。ところが生活様式が変わり、ゴミが増えてしまった。これをそのままにしておくと居住空間が不潔になったり狭くなったりして、生活に悪影響がある。そこでゴミ出しという新しい様式を考えざるをえなくなってきた。現代の社会では、ゴミ出し、ゴミ収集には、自治体も家庭も相当な努力を必要としています。

頭の中にある知識は、ゴミとはちょっと違いますが、量的な限度を超えたら、やはり日々のゴミ出しに近いことをしないと、頭が知識だらけになってしまう。そうならないためにゴミとしてもいい知識というものがあります。

それが賞味期限の短い知識です。たとえば新聞などに載っている情報のかなりの部分がそれにあたります。これらを長い間記憶していれば、相当頭がにぶくなりますし、非効率な頭の使い方をすることになる。われわれは、これらを見たら自然に片っ端から忘れていくという方法で、バランスをとっている。いわば非常に活発なゴミ出しをしています。

昔の人は新聞など読みませんでしたから、人の話を聞くと長いこと覚えていたかもしれませんが、今は新聞以外にもテレビやその他たくさんの手段もあり、メディアが与えてくれる知識をあまり大事にしなくてもいいでしょう。それどころか、なるべくさっぱり忘れたほうが、気分も爽快になって頭の働きもよくなる。これは事実です。

賞味期限の短い知識から積極的にゴミ出しをする。今は忘れるということが相当大きな知的活動の源泉になるというのが私の考え方です。それは知識を大事にされる方から見るとけしからん考えかもしれませんが……。

本を読まない、留学しない、という選択もある

私は英文学の勉強をした人間で、少なくとも三十年ぐらいは百パーセント記憶

されたものを中心にして生きていました。しかし、どんどん頭が悪くなっていきました。そこであるとき、本を読まない方が頭のためによいのではないかという、逆説的な命題を立てました。

たとえば英語を勉強するのに、イギリスやアメリカへ行った方がいいのか、よくないのか。私は外国語を勉強するには、その言葉を母国語にしている国へ行っては駄目だという結論に達したのです。そこで留学することをやめました。当時留学した人と比べると、年をとってからも頭の中が動いているように感じます。私の場合、やはり留学をしなかったことが功を奏したのではないかと思います。

本当にものを考えるようになりますと、外国語の習得というのはあまり意味がないと思うようになりました。外国語の勉強を棚上げにして日本語のことを考えたり、他のところで道草をくったりして、結局、外国語の勉強はお留守になりました。そういう意味で、たまに英文学者などという肩書を付けられたりするとたいへん困ります。外国文学に対する知識は極めて不充分ですから。

しかし、同業者の外国語や外国文学をやっている人よりも少しはものを考えてきた期間が長い。周りを見ていますと、多くは七十代で、ものを考えたり覚えたりすることをやめてしまいます。ところが、ものをどんどん忘れて、新しいものを吸収し、そして新しいことを考えるということを繰り返していますと、年齢はあまり関係なく、むしろ歳をとってからの方が、今までの経験を踏まえて新しいことができるのではないか、と考えています。

「問題を解く」ではなく「問題をつくる」

記憶というものを充分に尊重しますが、それだけではなく、記憶の向こう、あるいは手前に思考というものを考えます。「考える」というのは抽象的ですが、判断するのも、創造するのも、相手を察するのも高度な思考力です。

具体的に言うと、数学の「問題を解く」力は、思考力の前段であって、後段の思考力とは「問題をつくる」力です。われわれが普段何気なく使う「考える」は、だいたいその前段にあるものを指しています。それに対し、本来の「考える」というのは、未知で存在するかどうか分からないものについて、あらゆる常識から離れて自由に「考える」ことを言う。

自由に「考える」というのは簡単にはできません。やはり何かにこだわってしまいます。「問題を解く」力は、問題という具体的なものにとらわれています。だから数学の問題をどんなにたくさん解いても、本当の意味での思考力が伸びるのかはなはだ疑問です。一部では数学によって、思考力を高めることができると考えるむきもあるようですが、それは一種のフィクションです。まったく「考え」ないことはありませんが、結局は目の前にある既存の問題に縛られている。そうするとそこから外へは出られない。

ところが「問題をつくる」というのは、何にも縛られず可能性が無限にあるわけです。だから問題を〝つくる〟と〝解く〟は、はっきり区別しなくてはなりません。

本来の意味での「考える」は普段何気なく使われる「考える」とは違い、それよりも深く素晴らしい可能性を持っています。それは問題のないところに「問題をつくる」ことができるような思考力なのです。

そんなことからも私は、この四十年の間に「知」と「考」――知ることと考えることでは、「考える」ことの方が人間にとって有益な知的活動ではないかと考えるようになりました。

Question 4

〝ことわざ〟に頼っていると、論理的思考から離れてしまうのでは？

東大生Cさんより

『思考の整理学』（ちくま文庫）の中で、自分だけのことわざの世界をつくり上げれば思考の体系をつくることも可能であると、ことわざの持つ力を評価されていますが、私はどちらかというとことわざには懐疑的です。ことわざや名言に頼ってしまうと論理的思考というものから遠ざかっていくように思うのですが、先生はどのようにお考えでしょうか。

Answer 4 ことわざが出来るプロセス

それは本の読み方がちょっと曲がっているんじゃないかと思います。

私が言っているのは、他人がつくったことわざをありがたがって振り回すということではなくて、自分の生活や考えたことで、習慣性のある、反復性のあるものを法則化して、それをことわざにする。つまり「自分のオリジナルのことわざ」をつくることを言っているわけです。それは独自の思考ですから、他人のことわざは関係ありません。

その上でもっと言うと、どんなことわざにも論理性はあります。個人の持っている論理性と他人が作ったことわざの中の論理性は、別のものというだけで、どちらかが論理的思考から遠いということにはなりません。既存のことわざを「学ぶ」こと、「知る」ことも意味があることです。

では、ことわざを自らで「つくる」というのは、どういうことか。これにはたいへんな思考力が必要とされます。いくつかの現象の中から、あるパターンを引き出してくるためは、相当複雑な選択と捨象のプロセスを踏むわけですから、簡単にはできません。俳句や短歌をつくることより、桁違いに知的であり難しい。

なぜかというと、今の言葉——われわれの社会に浸透している文字情報は、ことわざをつくることに必ずしも適していないからです。金言や格言は、自身のドグマを文字にしただけで、ことわざではないのです。ことわざはもっと生活的で、反復性があって、そういうことがこれから起こりうるという可能性を定型化したものです。もちろん、自分だけでなく、他人にも適応する。そういう様々な条件を満たしたときに生まれます。

それゆえに、ことわざをつくるというのは最高度に知的で思考力を要する作業なのです。

私は、創作としてのことわざというものがあってもいいと思っています。それは一見、簡単にできてしまうように思えるんですが、じつはとても難しいことです。聞くところでは高等学校でことわざをつくらせている先生もいるそうですが、高等学校では難しい。ことわざには様々な人生経験を踏まえることが必要だからです。

「小説は歳をとってからでないと本当に長く残る情緒を持つ小説は書けない」と言う人もいます。そういう意味ではことわざも同じで、若いときにだってつくることはできますが、できたとしてもすぐ消えてしまうようなものです。後世に残るようなものは歳をとらないとできません。

われわれは多くのことわざを持っています。それは、昔の人たちが生活の中から引き出してきて、ことわざという形に収めたものです。すばらしいことなのに、近代の教育において世界的にどこの国も、ことわざを軽視しているようです。要するに学問のない民間伝承のようなものとして見ているので、学校でことわざを教えている国はほとんどありません。日本の学校教育でもことわざは不評です。

ことわざは知識や記録とはまったく違い、思考力によってできあがったものです。ところが、「古臭い」とか「今の言葉や情報と違っている」というだけの理由で教育現場では軽んじられているように思います。そんなことを踏まえると、ことわざをもう一度正しい目で見る必要があります。

自分のことわざをつくる

（会場より質問）

外山先生が先ほど書いてくださった色紙には「無敵は大敵だ」という為書きがあったんですけれども、これは外山先生が作られたことわざということになりますか？

そうですね。私の経験から出てきたものです。

ふつう人間は敵を嫌うわけです。いないほうがいいですから。例えば、恵まれた環境というのは敵の少ない状態のことを指します。一方で、生活が苦しい、貧困な生活をしている家庭に育つというのはとても厳しい状況です。何より貧困という大敵がいます。常識では生活環境として望ましくないと考えます。

しかし、私の人生経験から出てきた考えは、そうではありません。貧困、不遇、不如意……周囲に敵だらけだと、それに立ち向かって乗り越えなければ生きてはいけない。そう思うからこそ力を振り絞る。そして、貧困を乗り越えられたとき、その人は格段に豊かな生活を手にすることができるのです。

今の学生さんには立ち向かう敵は少ないように見えますが、これはかなり危険なことです。「自分には敵はいない」「自分は無敵だ」——そう思った時点で成長は止まってしまう。そうではなく、より大きな敵を見つけて、これにぶつかり、乗り越える。それをしないと没落します。だから、決して無敵の状態をつくらない。常に強敵を抱える。好敵手を持つことです。それと張り合うことで自分一人では出ない力が誘発されてきます。

友達というのは、そういうときにあまり力になりません。それこそ文字通りの天敵です。友達ではなく敵が必要。敵がなければ頭の中に仮想敵をつくってみる。逆境にあること、敵がいることが大事です。それに立ち向かって乗り越える。ひょっとすると人間の限界を超えるようなところまでいけるかもしれません。だから無敵になったと感じたときは警戒する。「無敵は大敵」。これは事実です。

Question 5

外山先生の説く〝アイデア〟の有効性は、科学的に実証できるのですか？

東大生Dさんより

先生の著作や講演で、知識の量と自由な思考というのは反比例する、敵がいるから強くなるなど、独自の発想やアイデアの可能性を示してくださっていますが、外山先生としては、ご自身のアイデアを科学的に実証することはできますか。もしくは、そういう態度は必要ではないとお考えでしょうか。

Answer 5

〝実証〟をありがたがる傾向について

科学的実証はほぼ不可能ですね。

実証をありがたがる傾向が強くなっているのは事実ですが、これは必ずしもよろしくない。自然科学系は実証でどんどん発達してきましたが、発達すればするほど人間から遠ざかっていき、人間的価値を失いつつあります。

また「実証＝学問」「実証性にこそ価値がある」という考えを持っている限り、人文科学系は新しい研究や新しい学問は発達しないでしょう。

今のところでは、私の「ものの考え方」というのは、実証的には説明することはできません。

Question 6
ハウツウ的な情報が氾濫する今の社会って、思考力を養うのとは真逆の方向を向いています。この現状をどうお考えですか？

京大生Bさんより

書店などで顕著ですが、ハウツウ本や一問一答形式のマニュアル本など、答えが明示されている短絡的なものが氾濫しています。もっとも、わかりやすいのが「いかにしてお金を儲けるか」といった類のものです。テレビやネットでも連日取り上げられる傾向にあるように思います。実際に周囲の学生を見ても、将来の社会的な地位や年収を得るために、どう動けばいいのかを考える傾向が強いです。そうした現状は、知と理の融合や考える力を養うこととは、逆の方向に進んでいるのではないでしょうか。このような日本の現状について、若い世代やその教育の現状についてどのようにお考えですか。

Answer 6

使い道ありきの「ハウツウ」は〝知識〟にはならない

多くの人が知識や技術を身につければ、社会で有用な活動ができ、その活動は経済的な報酬をもたらしてくれる。したがって、仕事をして社会で生きていくためには、まず知識と技術が必要であると思っています。そして、その背景には仕事をうまくして収入を上げようとか、良い製品を作って大いに売り上げを上げようとか物質的欲望が根底にあります。

ハウツウは実学だという人もいます。学校などで教えているものも、現実的に役に立つ、実益に応えるハウツウ的なものが重宝される時代です。

ただ一つ区別しておきたいのは、ハウツウは知識とは違うものだということです。知識はある程度、使う人によって使い方があります。ところが、ハウツウものはその使い方まで指定してしまって、あらかじめ問題に対しての答えを出しています。これではますます思考力など出る幕はなくなってしまう。

おしゃべり会をひらく

では、思考力を養うためには何から始めるべきか。

具体的なことを一つあげるとすれば、それは「おしゃべりをする会」をひらくことをおすすめします。同じような年齢の人で、まったく違う慣習をもっている数人の人が定期的におしゃべりをする。大問題を掲げる必要はありません。雑談で結構です。

参加者各々が同じ専門をもつ人ではなく、なるべく違う分野にいるほうがいい。たとえば医学部と法学部と文学部と工学部の人、あるいはそこに会社で事務をやっている会社員が加わるのもたいへんよいでしょう。

そういう人が定期的に集まって、おしゃべりをする場で自由な議論をする。ここで大事なのは、決してお互いを貶《けな》したり、批判したりしないこと。そんなことでせっかく浮かびかけたアイデアが引っ込んでしまっては台無しです。

自由におしゃべりしているうちに、相手の言うことから刺戟を受けて、自分の頭のエンジンが動き出す。今まで自分ひとりではとても考えなかった面白いことが、その場の雰囲気の中ですうっと出てくることがあります。

世紀の大発明も座談から生まれた

十八世紀イギリスの人たちが発明した一つの知恵は、懇親的知的交流を目的としたクラブをつくったことです。

十八世紀後半にバーミンガムではじまった「ルナー・ソサエティ」という雑談会もその一つです。ここでジェームス・ワットは蒸気機関のヒントを得たと言われています。プリストリーという化学者による酸素の発見もこの会がきっかけになったと言われています。十人ほどの会員からなるこのクラブから産業革命の原動力になった諸々のきっかけが生まれたわけです。

つまり、このクラブの面々は、先ほど話したようなおしゃべり会の効用に早い時期から気づき、それを実践していた。人間が知的に豊かになるには、一人でただ本を読んだりするのではなく、志を同じくした社会の色々な人たちと集まって、知的交流の場をつくることなんです。

われわれが今の日本で急にそういう知的交流サロンをつくることは困難で、ことに若い方は、そんなお金のかかりそうなことはできないと言うかもしれませんが、これは何でもない。ラーメンを食べながらしゃべったっていいわけです。そうやっていろんな立場の人たちが、集りしゃべるということが極めて大事なのです。ディスカッションなどではなく、ただただ面白いと思うことを言い合って、お互いに刺戟しあう。これがたいへんによいことです。

私も五十年前に、偶然そういう仲間をつくり、いかなる本からよりも、多くの刺戟と恩恵を受けました。その仲間たちには今もたいへん感謝しています。もし、もう一度人生をやることができれば、ああいう会をもっとたくさん、一つではなく二つ三つと作りたい。それができれば相当な〝知的創造のヒント〟を得ることでしょう。

生活の中でものを考える

人生において「ものを考える」ことの楽しさ、面白さを実感するには、そういう志を同じくする仲間と楽しく、お互いを尊敬し合いながら意見をぶつかり合わせて、そこで今まで意識しなかった形で頭を刺戟した方がいい。本を読んだり、学校で講義を聞いたりすることはもちろん価値がありますが、もっと体全身で考えることを実感するのが何よりも大事なのです。

もし、みなさん方がこうしたおしゃべり会をおやりになれば、必ず効果がありますます。そういうことを通じて、生活の中で「ものを考える」ことが、ある種の習慣のようになれば「考える力」を鍛えていくことができます。

日常の中で「ものを考える」きっかけは、立派な本を読んで感動したというだけでは起こりません。みなさんにはそういうおしゃべりの会をぜひつくってみてほしい。試しにやってみて仮に失敗したとしても、大して実害はないはずです。うまくいかなかったら解散して、また新しいグループで集まればいいのです。これがひょっとすると世の中を変えるくらいの大きな力を持った考えが生まれてこないとも限らない。私はそういうことをみなさん方に期待しています。

・本稿は、二〇〇九年七月一日に東京大学駒場キャンパスにて開催された講演会「思考の整理学を語る」、また同年十二月七日に京都大学にて開催された「外山滋比古先生講演会」、両講演で行われた外山先生と学生さんの質疑応答のやり取りをもとに再構成したものです。

・二〇〇八年に東京大学生協本郷書籍部と京都大学生協ブックセンタールネで一番売れた書籍は、当時刊行から二十二年経っていたちくま文庫の『思考の整理学』でした。両講演会は、そのことを受けて、四半世紀近く読み継がれる『思考の整理学』の魅力とエッセンスを外山先生にお話しいただき、二〇〇九年当時も多くの人に読まれていた理由を参加した学生さんたちとともに探る会として開催されました。

参考文献

外山滋比古『新版　思考の整理学』（ちくま文庫、二〇二四年）
外山滋比古『忘却の整理学』（ちくま文庫、二〇二三年）

編集協力

大河久典

・本書は、一九七七年十一月に講談社現代新書より刊行されました。その後、二〇〇八年十月にちくま学芸文庫として文庫化されたものの新版になります。
・新版にあたっては、文字を大きくし「特別講義」を加えました。

新版 思考の整理学　外山滋比古

「東大・京大で1番読まれた本」で知られる〈知のバイブル〉の増補改訂版。２００９年の東京大学での講義を新収録し読みやすい活字になりました。

質問力　齋藤孝

コミュニケーション上達の秘訣は質問力にあり！これさえ磨けば、初対面の人からも深い話が引き出せる。話題の本の、待望の文庫化。（斎藤兆史）

整体入門　野口晴哉

日本の東洋医学を代表する著者による初心者向け野口整体のポイント。体の偏りを正す基本の「活元運動」から目的別の運動まで。（伊藤桂一）

命売ります　三島由紀夫

自殺に失敗し、「命売ります。お好きな目的にお使い下さい」という突飛な広告を出した男のもとに、現われたのは？（種村季弘）

こちらあみ子　今村夏子

あみ子の純粋な行動が周囲の人々を否応なく変えていく。第26回太宰治賞、第24回三島由紀夫賞受賞作。書き下ろし「チズさん」収録。（町田康／穂村弘）

ベルリンは晴れているか　深緑野分

終戦直後のベルリンで恩人の不審死を知ったアウグステは彼の甥に訃報を届けに陽気な泥棒と旅立つ。歴史ミステリの傑作が遂に文庫化！（酒寄進一）

向田邦子ベスト・エッセイ　向田邦子　向田和子編

いまも人々に読み継がれている向田邦子。その随筆の中から、家族、食、生き物、こだわりの品、旅、仕事、私……、といったテーマで選ぶ。（角田光代）

倚りかからず　茨木のり子

もはや／いかなる権威にも倚りかかりたくはない……話題の単行本に3篇の詩を加え、高瀬省三氏の絵を添えて贈る決定版詩集。（山根基世）

るきさん　高野文子

のんびりしていてマイペース、だけどどっかヘンテコな、るきさんの日常生活って？　独特な色使いが光るオールカラー。ポケットに一冊どうぞ。

劇画 ヒットラー　水木しげる

ドイツ民衆を熱狂させた独裁者アドルフ・ヒットラーとはどんな人間だったのか。ヒットラー誕生からその死まで、骨太な筆致で描く伝記漫画。

コメント力　齋藤孝

オリジナリティのあるコメントを言えるかどうかで「おもしろい人」、「できる人」という評価が決まる。優れたコメントに学べ！

段取り力　齋藤孝

仕事でも勉強でも、うまくいかない時は「段取りが悪かったのではないか」と思えば道が開かれる。段取り名人となるコツを伝授する！　（池上彰）

齋藤孝の速読塾　齋藤孝

二割読書法、キーワード探し、呼吸法から本の選び方まで著者が実践する「脳が活性化し理解力が高まる」夢の読書法を大公開！　（水道橋博士）

論語　齋藤孝訳

「学ぶ」ことを人生の軸とする。――読み直すほどに新しい東洋の大古典『論語』。読みやすい現代語訳に原文と書き下し文をあわせ収めた新定番。

55歳の教科書　藤原和博

人生は、後半こそが楽しい！　上り調子に坂を上る人生を歩むために50代までに何を準備すればいいのか、本当に必要なことを提案する。　（森川亮）

45歳の教科書　藤原和博

「40代半ばの決断」が人生全体の充実度を決める。元気が湧いてくる人生戦略論。迷える世代に向けてのアドバイス。巻末に為末大氏との対談を附す。

35歳の教科書　藤原和博

「みんな一緒」から「それぞれ一人一人」になったこの時代、新しい大人になるため、生きるための自分だけの戦略をどうたてるのか？　（古市憲寿）

あなたの話はなぜ「通じない」のか　山田ズーニー

進研ゼミの小論文メソッドを開発し、考える力、書く力の育成に尽力してきた著者が「話が通じるための技術」を基礎のキソから懇切丁寧に伝授！

伝達の整理学　外山滋比古

大事なのは、知識の詰め込みではない。思考をいかに伝達するかである。AIに脅かされる現代人の知のあるべき姿を提言する、最新書き下ろしエッセイ。

アイディアのレッスン　外山滋比古

しなやかな発想、思考を実生活に生かすには？　たんなる思いつきを〝使えるアイディア〟にする方法をお教えします。『思考の整理学』実践篇。

トランプ自伝　ドナルド・トランプ／トニー・シュウォーツ　相原真理子訳
一代で巨万の富を築いたアメリカの不動産王ドナルド・トランプが、その華麗なる取引の手法を赤裸々に明かす。（ロバート・キヨサキ）

スタバではグランデを買え！　吉本佳生
身近な生活で接するものやサービスの価格を、やさしい経済学で読み解く。「取引コスト」という概念で学ぶ、消費者のための経済学入門。（西村喜良）

「社会を変える」を仕事にする　駒崎弘樹
元ITベンチャー経営者が東京の下町で始めた「病児保育サービス」が全国に拡大。「地域を変える」が「世の中を変える」につながった。

戦略読書日記　楠木建
『一勝九敗』から『日本永代蔵』まで。競争戦略の第一人者が自著を含む22冊の本との対話を通じて考えた戦略と経営の本質。（出口治明）

仕事に生かす地頭力　細谷功
仕事とは何なのか？　本当に考えるとはどういうことか？　ストーリー仕立てで地頭力の本質を学び、問題解決能力が自然に育つ本。（海老原嗣生）

増補　転落の歴史に何を見るか　齋藤健
奉天会戦からノモンハン事件に至る34年間、日本は内発的改革を試みたが失敗し、敗戦に至った。近代史を様々な角度から見直し、その原因を追究する。

座右の古典　鎌田浩毅
読むほどに教養が身につく！　古今東西の必読古典50冊を厳選し項目別に分かりやすく解説。京大人気教授が伝授する、忙しい現代人のための古典案内。

新版　一生モノの勉強法　鎌田浩毅
京大人気No.1教授が長年実践している時間術、ツール術、読書術から人脈術まで、最適の戦略を余すところなく大公開。「人間力を磨く」学び方とは？

「読まなくてもいい本」の読書案内　橘玲
時間は有限だから「古いパラダイムで書かれた本」は捨てよう！「今、読むべき本」が浮かび上がる驚きの読書術。文庫版書き下ろしを付加。（吉川浩満）

ほんとうの味方のつくりかた　松浦弥太郎
一人の力は小さいから、豊かな人生に〈味方〉の存在は欠かせません。若い君に贈る、大切な味方の見つけ方と育て方を教える人生の手引書。（水野仁輔）

品切れの際はご容赦ください

ふしぎな社会 橋爪大三郎

第一人者が納得した言葉だけを集めて磨きあげた社会学の手引き書。人間の真実をぐいぐい開き、若い読者に贈る小さな(しかし最高の)入門書です。

承認をめぐる病 斎藤環

人に認められたい気持ちに過度にこだわると、さまざまな病理が露呈する。現代のカルチャーや事件から精神科医が「承認依存」を分析する。(土井隆義)

キャラクター精神分析 斎藤環

ゆるキャラ、初音ミク、いじられキャラetc.。現代日本に氾濫する数々のキャラたち。その諸相を横断し、究極の定義を与えた画期的論考。(岡﨑乾二郎)

サヨナラ、学校化社会 上野千鶴子

東大に来て驚いた。現在を未来のための手段とし、偏差値一本で評価を求める若者。ここからどう脱却する? 丁々発止の議論満載。(北田暁大)

ひとはなぜ服を着るのか 鷲田清一

ファッションやモードを素材として、アイデンティティや自分らしさの問題を現象学的視線で分析する。「鷲田ファッション学」のスタンダード・テキスト。

学校って何だろう 苅谷剛彦

「なぜ勉強しなければいけないの?」「校則って必要なの?」等、これまでの常識を問いなおし、学ぶ意味を再び摑むための基本図書。(小山内美江子)

14歳からの社会学 宮台真司

「社会を分析する専門家」である著者が、社会の「本当のこと」を伝え、いかに生きるべきか、に正面から答えた。重松清、大道珠貴との対談を新たに付す。

終わりなき日常を生きろ 宮台真司

「終わらない日常」と「さまよえる良心」――オウム事件直後出版の本書は、著者のその後の発言の根幹である。書き下ろしの長いあとがきを付す。

人生の教科書
[よのなかのルール] 藤原和博 宮台真司

〝バカを伝染(うつ)さない〟ための「成熟社会へのパスポート」です。大人と子ども、お金と仕事、男と女と自殺のルールを考える。(重松清)

逃走論 浅田彰

パラノ人間からスキゾ人間へ、住む文明から逃げる文明への大転換の中で、軽やかに〈知〉と戯れるためのマニュアル。

解剖学教室へようこそ　養老孟司

解剖すると何が「わかる」のか。動かぬ肉体という具体から、どこまで思考が拡がるのか。養老ヒト学の原点を示す記念碑的一冊。（南直哉）

考えるヒト　養老孟司

意識の本質とは何か。私たちはそれを知ることができるのか。脳と心の関係を探り、無意識に目を向ける。自分の頭で考えるための入門書。（玄侑宗久）

錯覚する脳　前野隆司

「意識のクオリア」も五感も、すべては脳が作り上げた錯覚だった！　ロボット工学者が科学的に明らかにする衝撃の結論を信じられますか。（武藤浩史）

理不尽な進化　増補新版　吉川浩満

進化論の面白さはどこにあるのか？　科学者の論争を整理し、俗説を覆し、進化論の核心をしめす。アートとサイエンスを鮮やかに結ぶ現代の名著。（養老孟司）

身近な雑草の愉快な生きかた　稲垣栄洋　三上修・画

名もなき草たちの暮らしぶりと生き残り戦術を愛情とユーモアに満ちた視線で観察、紹介した植物エッセイ。繊細なイラストも魅力。（宮田珠己）

身近な野菜のなるほど観察録　稲垣栄洋　三上修・画

『身近な雑草の愉快な生きかた』の姉妹編。なじみの多い野菜たちの個性あふれる思いがけない生命の物語を、美しいペン画イラストとともに。（小池昌代）

身近な虫たちの華麗な生きかた　稲垣栄洋　小堀文彦・画

地べたを這いながらも、いつか華麗に変身することを夢見てしたたかに生きる身近な虫たちを紹介する。精緻で美しいイラスト多数。（小池昌代）

したたかな植物たち　春夏篇　多田多恵子

スミレ、ネジバナ、タンポポ。道端に咲く小さな植物は、動けないからこそ、したたかに生きている！身近な植物たちのあっと驚く私生活を紹介します。

したたかな植物たち　秋冬篇　多田多恵子

ヤドリギ、ガジュマル、フクジュソウ。美しくも奇妙な生態にはすべて理由があります。人知れず花を咲かせ、種子を増やし続ける植物の秘密に迫る。

野に咲く花の生態図鑑【春夏篇】　多田多恵子

野に生きる植物たちの美しさとしたたかさに満ちた生存戦略の数々。植物への愛をこめて綴られる珠玉のネイチャー・エッセイ。カラー写真満載。

野に咲く花の生態図鑑【秋冬篇】　多田多恵子

寒さが強まる過酷な季節にあえて花を咲かせ実をつける理由とは？　人気の植物学者が、秋から早春にかけて野山を彩る植物の、知略に満ちた生態を紹介。

花と昆虫、不思議なだましあい発見記　田中肇　正者章子

ご存じですか？　道端の花々と昆虫のあいだで、驚くべきかけひきが行なわれていることを。花と昆虫のだましあいをイラストとともにやさしく解説。

増補　へんな毒　すごい毒　田中真知

フグ、キノコ、火山ガス、細菌、麻薬……自然界にあふれる毒の世界。その作用の仕組みから解毒法、さらには毒にまつわる事件なども交えて案内する。

熊を殺すと雨が降る　遠藤ケイ

山で生きるには、自然についての知識を磨き、己れの技量を謙虚に見極めねばならない。山村に暮らす人びとの生業、猟法、川漁を克明に描く。

私の脳で起こったこと　樋口直美

「レビー小体型認知症」本人による、世界初となる自己観察と思索の記録。認知症とは、人間とは、生きるとは何かを考えさせる。（伊藤亜紗）

ゴリラに学ぶ男らしさ　山極寿一

自尊心をもてあまし、孤立する男たち。その葛藤は何に由来するのか？　身体や心に刻印されたオスの進化的な特性を明らかにし、男の懊悩を解き明かす。

ニセ科学を10倍楽しむ本　山本弘

「血液型性格診断」「ゲーム脳」など世間に広がるニセ科学。人気SF作家が会話形式でわかりやすく教える、だまされないための科学リテラシー入門。

増補　サバイバル！　服部文祥

岩魚を釣り、焚き火で調理し、月の下で眠る――。異能の登山家は極限の状況で何を考えるのか？　生きることを命がけで問う山岳ノンフィクション。

いのちと放射能　柳澤桂子

放射性物質による汚染の怖さ。癌や突然変異が引き起こされる仕組みをわかりやすく解説し、命を受け継ぐ私たちの自覚を問う。（永田文夫）

イワナの夏　湯川豊

釣りは楽しく哀しく、こっけいで厳粛だ。日本の川で、また、アメリカで、出会うのは魚ばかりではない、自然との素敵な交遊記。（川本三郎）

教科書で読む名作
羅生門・蜜柑ほか　芥川龍之介
表題作のほか、鼻／地獄変／藪の中など収録。高校国語教科書に準じた傍注や図版付き。併せて読みたい名評論や「羅生門」の元となった説話も収めた。

現代語訳　舞姫　森鷗外　井上靖訳
古典となりつつある鷗外の名作を井上靖の現代語訳で読む。無理なく作品を味わうための語注・資料を付す。原文も掲載。監修＝山崎一穎

こころ　夏目漱石
友を死に追いやった「罪の意識」によって、ついには人間不信にいたる悲惨な心の暗部を描いた傑作。詳しく利用しやすい語注付。（小森陽一）

続明暗　水村美苗
もし、あの『明暗』が書き継がれていたとしたら……。漱石の文体そのままに、気鋭の作家が挑んだ話題作。第41回芸術選奨文部大臣新人賞受賞。

今昔物語（日本の古典）　福永武彦訳
平安末期に成り、庶民の喜びと悲しみを今に伝える今昔物語。訳者自身が選んだ155篇の物語は名訳を得て、より身近に蘇る。（池上洵一）

恋する伊勢物語　俵万智
恋愛のパターンは今も昔も変わらない。恋がいっぱいの歌物語の世界に案内する、ロマンチックでユーモラスな古典エッセイ。（武藤康史）

百人一首（日本の古典）　鈴木日出男
王朝和歌の精髄、百人一首を第一人者が易しく解説。現代語訳、鑑賞、作者紹介、語句・技法を見開きにコンパクトにまとめた最良の入門書。

樋口一葉　小説集　樋口一葉　菅聡子編
一葉と歩く明治。作品を味わうと共に詳細な脚注・参考図版によって一葉の生きた明治を知ることのできる画期的な文庫版小説集。

尾崎翠集成（上・下）　尾崎翠　中野翠編
鮮烈な作品を残し、若き日に音信を絶った謎の作家・尾崎翠。時間と共に新たな輝きを加えてゆくその文学世界を集成する。

川三部作
泥の河／螢川／道頓堀川　宮本輝
太宰賞「泥の河」、芥川賞「螢川」、そして「道頓堀川」と、川を背景に独自の抒情をこめて創出した、宮本文学の原点をなす三部作。

ちくま文庫

新版《しんぱん》　知《ち》的《てき》創造《そうぞう》のヒント

二〇二五年二月十日　第一刷発行

著　者　外山滋比古（とやま・しげひこ）
発行者　増田健史
発行所　株式会社　筑摩書房
東京都台東区蔵前二―五―三　〒一一一―八七五五
電話番号　〇三―五六八七―二六〇一（代表）
装幀者　安野光雅
印刷所　三松堂印刷株式会社
製本所　三松堂印刷株式会社

ISBN978-4-480-44002-0 C0195